PRIX : 1 FRANC

LES

Elections Générales De 1889

RÉPUBLIQUE, BOULANGISME, EMPIRE, ROYAUTÉ

PAR

Théodule PÉCHEUX,

LICENCIÉ EN DROIT,
ANCIEN AGRÉÉ PRÈS LE TRIBUNAL DE COMMERCE D'ORLÉANS,
EX-VOLONTAIRE AU BATAILLON DES ZOUAVES PONTIFICAUX,
EX-CAPITAINE DES MOBILISÉS DU LOIRET.

> La République est la raison sociale d'une industrie dont l'objet est l'exploitation de la fortune et de l'honneur de la France.

PARIS
Chez les principaux Editeurs et Libraires
DÉPARTEMENTS
Dans les principales Librairies

LES

Elections Générales

De 1889

RÉPUBLIQUE, BOULANGISME, EMPIRE, ROYAUTÉ

PAR
Théodule PÉCHEUX,
LICENCIÉ EN DROIT,
ANCIEN AGRÉÉ PRÈS LE TRIBUNAL DE COMMERCE D'ORLÉANS,
EX-VOLONTAIRE AU BATAILLON DES ZOUAVES PONTIFICAUX,
EX-CAPITAINE DES MOBILISÉS DU LOIRET.

IMPRIMERIE BAUDU
69, Faubourg Saint-Martin, 69
PARIS

TABLE

I

FRANÇAIS, PRENEZ GARDE A VOUS !

Celui qui écrit ces lignes est un enfant du peuple : non de cette tourbe dont les aspirations désordonnées sont l'opprobre et l'effroi de toute civilisation ; mais de cette fraction, grâce à Dieu ! la plus imposante, qui travaille, prie, espère.

Mon père, un artisan illettré, mais un esprit droit et ferme, s'estimait libre en travaillant ; il dédaignait la fraternité douteuse du cabaret, et tenait l'égalité pour une chimère. Son ambition n'allait pas, comme dit Horace, *ultra crepidam*. Il aurait ri si quelque flatteur, voulant se faire un échelon de sa simplicité nullement naïve, fut venu lui déclarer que son opinion politique était d'un grand poids dans les destinées du monde. Non qu'il ignorât son importance, mais il la plaçait ailleurs : les honnêtes familles fond les bons Etats, donc il élevait honnêtement ses enfants. Aussi lorsque, déjà conscient, je l'interrogeais :

« Les braves gens, me répondait-il, sont libres par eux-
» mêmes ; il n'y a que les coquins pour craindre les réverbères.
» — Ne jette jamais le bourgeois à bas de son carrosse, on ne
» devient pas l'égal des gens parce qu'on les a abaissés. — Quant
» à la fraternité, demande un peu aux hommes de loi ce qu'ils
» en pensent ; ceux-là en savent long sur ce sujet. »

Plus ambitieuse, à sa façon, était ma mère : elle rêvait pour son fils le sacerdoce. Quelle mère n'a point rêvé sur un berceau ?

Hélas ! je ne devais pas réaliser ses vœux. Heureusement pour elle, la mort l'a arrachée à mon affection juste à temps pour que je n'ajoute pas aux tristesses de son veuvage cette désillusion amère. Dieu lui fasse paix ! Elle était incapable de prévoir, la chère âme, quel redoutable héritage c'est que l'instruction et surtout l'éducation sans la fortune et l'entourage. Ceci dit pour l'enseignement de bien des mères.

Toujours est-il que, dans ce milieu sain et fort de mon enfance, j'ai contracté les vertus viriles qui m'ont guidé et soutenu dans le combat de l'existence ; que j'ai conçu dès lors pour l'honnête peuple une estime et une sympathie indestructibles ; et que plus tard, en élargissant mon horizon sous le regard de Dieu et la direction d'un prélat à l'âme ardemment française, (1) je me suis épris pour l'Eglise et la France d'une passion qui est devenue la consolation et l'honneur de ma vie.

Sentirais-je en moi quelque chose de l'apôtre ? Le moment est-il venu de cet apostolat ? Je le crois. Car jamais, d'ici le jour de notre écrasement complet ou de notre relèvement triomphal, heure plus solennelle ne sonnera dans notre histoire.

Péril au dedans, péril au dehors, tout est péril autour de nous.

Laissez-moi donc emboucher le clairon, laissez-moi sonner l'alarme.

Français, prenez garde à vous !

II

L'HEURE DE DIEU

Prenez garde à vous, parcequ'il y a temps pour tout et que, cette fois, si vous vous laissez surprendre, c'en sera fait de notre indépendance à coup sûr et de notre nationalité peut-être.

Un jour, la capitale du vieil empire romain se réveilla avec les barbares à ses portes. Alors, mais trop tard, le peuple, que l'Etat étourdissait à dessein de ses fêtes, et dont l'abrutissement

(1) Monseigneur Dupanloup, l'illustre évêque d'Orléans.

ne convoitait déjà plus que la manne officielle, courut affolé se réfugier dans les temples ; les jouisseurs blêmirent, glacés d'épouvante ; les Pères conscrits, autrement dit les sénateurs d'alors, se drapèrent sur leurs chaises curules dans leur majesté impuissante ; les prétoriens eux-mêmes, tout occupés à faire et à défaire des empereurs, se troublèrent ; seuls, les philosophes qui avaient vainement lutté contre la décadence, comprirent. Ce que nous appelons, nous, l'heure de Dieu, avait sonné ! A cette nation usée par le plaisir, dès longtemps sans morale, en proie à la discorde, sans pouvoir respectable à sa tête, ayant perdu jusqu'à la dignité du langage, venaient succéder des peuples avec mission d'implanter là un monde nouveau. De ce jour, le monde ancien avait disparu. Ainsi en avait-il été jadis de la Grèce et de tant d'autres peuples célèbres.

Est-ce à dire qu'aussitôt l'Exposition terminée les hordes ennemies vont se ruer de toute part sur la France ? Que la tour Eiffel, qui semble élevée à point au milieu de nos divisions intestines, va voir, comme autrefois Babel pour les Hébreux, commencer notre exode ? A Dieu ne plaise ! Cependant si, comme il est vrai, l'histoire du passé est le livre de l'avenir, il n'est que temps de nous en préoccuper : car il y a des comparaisons qui s'imposent.

Depuis tantôt cent ans nous sommes dévoyés. A l'indifférence religieuse a succédé l'ardeur des luttes politiques ; ces luttes ont dégénéré en divisions profondes ; le caractère national et jusqu'aux mœurs en sont gravement atteints. La désunion aujourd'hui, demain la discorde, vont produire leurs fruits. Bref, la France a peine à se reconnaître et, si elle n'y pare à bref délai, elle est perdue sans ressource. D'autant mieux que l'ennemi veille, cet ennemi à qui les républicains clament si fièrement tous les jours que la *Révolution fera le tour du monde*. Pour l'éviter, il voudra sans doute l'étouffer dans notre sein, comme l'Allemagne s'efforce actuellement de l'atteindre en Suisse. Dans tous les cas ce sera un prétexte pour nous attaquer. Tous les français se jetteront-ils alors sur l'étranger comme un seul homme ? Je n'en sais rien. Si oui, quel sera le résultat de cette dernière lutte ? Il en est des peuples comme des individus : *Tout état divisé est fatalement destiné à la ruine.*

J'entends les hommes de bonne volonté me rappeler que

Dieu a fait les nations guérissables. Sans doute, et ils ont raison. Mais il faut l'entendre de celles qui en sont dignes et, parmi les signes de miséricorde compter, dès maintenant, le courage de nos opinions, fût-ce jusqu'au martyre.

Ce qui a perdu la France, plus encore que la propagation du mal, c'est notre facilité à le subir, c'est la faiblesse des honnêtes gens, des gens religieux, à se montrer. Les difficultés de la vie, les nécessités de position ont, je ne l'ignore pas, leurs exigences. Mais dans toute chose il faut considérer la fin et s'en instruire. Or qu'avons nous gagné aux concessions, disons le mot, au respect humain ? Rien que l'absorption, qui va devenir complète, de nos personnalités, de nos droits, de notre existence. Après la royauté l'Eglise, après l'Eglise la propriété, après la propriété la liberté. Comprenez-vous maintenant qu'en fait de principes les concessions sont des lâchetés, j'allais dire des crimes ?

Une nouvelle couche sociale, suivant l'expression menaçante de Gambetta, s'est levée sur nous, égoiste, impertinente, sans attrait pour le bien, très-encline au mal, qui tend à exploiter le présent, ne veut rien connaître du passé, et dans ces conditions entend braver l'avenir. Cette génération de malheur, l'étranger ennemi ne vint-il pas nous chercher, nous livrera pieds et poings liés à lui, soit par sottise, soit par bravade, ou faute d'esprit de conduite, ou besoin de se sauvegarder elle-même. Dieu, détournez ce désastre !

Espérons, au contraire, qu'en ce jour suprême il ne manquera pas de justes dans la France de saint Louis pour obtenir son pardon, de français de bon aloi pour l'a protéger. Ce n'est d'ailleurs pas sans dessein que la Providence l'a choisie pour être la *fille aînée de l'Eglise*, qu'elle a si longtemps été son bras droit. Qui sait même si elle ne le redeviendra pas encore ? Hélas! Il n'y a pas que nous d'infidèles dans la vieille Europe, et nous renouvellerons peut-être un jour pour notre fortune et la gloire de notre nom les *Gesta Dei per francos* !

Mais, en attendant, occupons-nous de suite d'une première bataille à livrer, celle des élections générales ; capitale, cette bataille, par son résultat, d'où dépendra celui de toutes les autres.

Encore une fois, et pour nous, *l'heure de Dieu a sonné*.

III

LES ÉLECTIONS GÉNÉRALES DE 1889

C'est toujours un fait important que le renouvellement total de la Chambre ; mais les élections de 1889, empruntent cette fois à l'année même, à la gravité des circonstances, le caractère d'un événement. Le renouvellement de la Chambre en apparence ; en réalité, l'existence de la République : tel est le véritable enjeu.

Encore quelque temps, et la France et l'Europe auront les yeux braqués sur nos urnes. Qu'en sortira-t-il? La guerre ou la paix ? La République ou la Royauté ?

La question se pose donc nettement :

D'une part entre la République qui a pour elle la situation acquise, la force militaire, l'administration embrigadée, l'Exposition destinée à séduire les électeurs, les chemins de fer qui amènent toute la France payante ou payée aux fêtes et banquets que prodigue le gouvernement, l'embauchage des électeurs par tous les moyens possibles, la récente loi de prohibition sur les candidatures multiples, les amnisties, les mille moyens d'obtenir ou de forcer les suffrages par la flatterie et la peur, une conscience vaste à l'abri de tous les scrupules, le relief qu'a toujours la domination même à son déclin, enfin le désespoir et la rage de cette foule d'individus innommés qui depuis vingt ans et surtout depuis dix, vit des sinécures petites ou grandes et des tripotages de toute sorte ;

D'autre part entre le pays qui veut se ressaisir lui-même, qui n'a plus foi dans des promesses vingt fois trahies, qui a compris que la République est un leurre, qui entrevoit définitivement où un gouvernement sans principes l'a conduit et le mène, qui appréhende la honte après la misère, qui n'a plus de crédit nulle part, qui vient de voir mourir la Chambre dans des convulsions révoltantes pour la dignité française, qui en est venu à ce point de ne plus attendre son salut que de la révolution ou de la guerre, à qui tout est devenu préférable à un état politique qui fait de la France au milieu de l'Europe un lépreux et un paria, qui a besoin de restauration pour le présent, d'unité et d'ailliances pour l'avenir, qui se roidit contre la mort et le déshonneur.

Malheureusement, unie dans ses revendications, la France est divisée à l'infini sur le choix de ceux qui doivent la représenter.

Pour ne citer qu'un exemple, le plus remarquable : parmi les républicains, l'ex-général Boulanger se donne comme le chef du prétendu parti national.

Parmi les monarchistes, la royauté et l'empire se disputent le pouvoir à venir.

Chacun de ces partis nous vante ses bienfaits passés et futurs.

Examinons-les donc, à commencer par la Révolution française et la première République.

IV

LA RÉVOLUTION FRANÇAISE

et la première République (1789-1793)

On entend par là cette funèbre période de notre histoire qui, commencée dans les effusions judaïques de 1789, a fini par les massacres de 1793. La République en est sortie, non comme une nymphe de l'onde pure, mais comme une furie dégoûtante de sang. D'où il suit que les mots de *République et de Révolution* sont demeurés synonymes de vol et de carnage ; de là encore que, pour les honnêtes gens, *révolutionnaire et républicain* ne font qu'un, c'est-à-dire un homme capable de tous les forfaits.

Bien entendu que les républicains ne l'entendent pas de la sorte. Prenez, vous disent-ils, un dictionnaire au mot Révolution, il en donnera cette définition : *Action de retourner*. Dans ce sens tout laboureur fait quotidiennement une révolution, la République a fait la chose la plus innocente et la plus utile du monde.

C'est qu'en effet, à l'origine, il s'agissait simplement pour les États-Généraux de retourner, de transformer une organisation qui favorisait à l'excès les castes privilégiées et de lui en substituer une autre qui devait soi-disant faire le bonheur de la nation. Le roi Louis XVI tout le premier, le clergé et la noblesse à sa suite, démêlant mal d'abord où l'on en voulait venir, accueillirent non sans ardeur ces nouveautés. Mais où leur résistance se fit sentir, c'est quand des esprits peu scrupuleux ou plus explicites parlèrent de remplacer le passé par un présent tendant à la destruction de l'Église et de la royauté, autrement dit au bouleversement radical de cette France qui avait joui jusque là, et pour cause, d'une si légitime prépondérance.

C'était le moment de prendre ses distances et de se mettre en mesure de riposter. Le roi hésita, il manquait de soutiens assez forts. Il y avait bien Mirabeau qui offrait ses services ; mais il était si pourri de vices et si dégradé qu'il provoqua le dégoût. Ce fut une faute de la part de la royauté. L'autorité qu'il ne pouvait tirer de sa personne, le puissant orateur l'eut empruntée à sa cause. La Révolution qui n'avait pas, elle, de ces délicatesses, s'appropria aussitôt le mécontent. On sait le reste. Mirabeau prononça son fameux discours sur *la Banqueroute*, et fit crouler le trône sous le poids dérisoire d'un déficit de cinquante six millions, pas même à beaucoup près ce que nous coûte aujourd'hui l'Exposition du Centenaire de cet écroulement.

On voit que la Révolution en elle-même pouvait être un mouvement relativement bénin si, ne confondant pas perfidement les principes avec les faits, les hommes avec les choses, elle n'eut pas attaqué les institutions sous prétexte de détruire les abus. La marge ouverte à la réforme était pourtant belle, et ceux même qu'elle atteignait s'y prêtaient avec une merveilleuse bonne grâce. Mais il n'était pas dans les desseins criminels des révolutionnaires d'en rester là et il devint rapidement manifeste que la France était devenue le théâtre d'une guerre qui, sous une forme ou sous une autre, se rallume périodiquement dans le monde, la lutte du mal contre le bien, du néant contre l'existence, des ténèbres contre la lumière, de l'homme contre Dieu.

Le combat n'était pas d'ailleurs préparé de la veille. Voltaire avait aiguisé les premiers traits, d'Alembert et Diderot avaient distribué des armes, Jean-Jacques-Rousseau avait prêché les bienfaits à résulter de cette guerre. Tous, le premier par le sarcasme, les seconds par l'athéisme, le dernier par ses utopies sociales, avaient battu en brèche les croyances et le respect, attisé les convoitises, semé la haine dans les cœurs, en un mot disposé le terrain pour un éclatant coup de violence. Il ne manquait plus que des niveleurs, des assassins. La Révolution les trouva debout.

Toutefois et malgré tout, l'on ne viole pas la propriété, l'on n'égorge pas d'emblée ses maîtres, sans qu'un semblant de raison, une apparence de justice y autorisent. La République, de deux mots latins, *res-chose, publica-publique*, se prêta admirablement par son étymologie au double résultat qu'on attendait d'elle. C'était à la fois un drapeau et une formule. Contre la royauté elle se dressait comme le futur gouvernement de tous par tous, contre les biens du clergé et de la noblesse elle devenait une sorte d'autorité équitablement spoliatrice puisqu'elle prétendait restituer au public ce qu'elle décrétait lui appartenir. Et voilà comment, la Révolution proclama la *République une et indivisible*, comment les révolutionnaires guillotinèrent en son nom le meilleur des rois, massacrèrent la plus fine fleur de l'honneur français, portèrent une main sacrilège sur les prêtres, s'approprièrent les biens de leurs victimes comme bien désormais dits *nationaux*.

De ce moment, et comme si Dieu eut frappé d'égarement cette race maudite, elle rejeta toute pudeur, se livra avec rage à tous les actes de démence. Les héros de cette orgie se donnèrent l'ignoble nom de *Sans-culotte*, installèrent des prostituées sur les autels, dansèrent autour d'elles la *Carmagnole* et le *Ça ira*. Et tout cela n'était qu'un prélude. Bientôt ils lancèrent leurs suppôts à la chasse humaine. On traqua les prêtres et les nobles ; ce n'etait pas assez pour assouvir ces fauves, l'on traqua à son tour la bourgeoisie ; ce n'était pas encore assez, et l'on traqua le peuple. Il suffit pour cela d'être *suspect*, et tous les honnêtes gens le devinrent. Car, que le peuple ne s'y trompe pas : plus des trois quarts du contingent des victimes immolées dans ces saturnales d'horrible mémoire furent fournis par lui. Les registres de l'écrou des prisons, notamment de celle d'Orléans, surnommée le *Vestibule de l'abattoir de Paris*, en font foi. Comment expliquer autrement les hécatombes de tous les jours ?

Pour dégorger ces vestibules, pour se repaître de sang à fantaisie, on meubla de guillotines les principales villes de France, on y installa des tyranneaux. Bien entendu qu'à Paris couvent toujours dans les bas-fonds des instincts de férocité. Paris était donc entré d'un bond dans la sarabande. Sa population mélangée adore d'instinct tous les vertiges et ne fait rien à demi. Là on vit des femmes, qui ont gardé dans l'histoire le nom de

Tricoteuses, s'installer autour de la guillotine et, pour ne perdre aucun incident de ce hideux spectacle, y apporter leur ouvrage et leur nourriture. Elles jouissaient ainsi le jour durant des larmes, de la douleur, de l'attitude plus ou moins terrifiée des malheureuses victimes. Et elles étaient largement satisfaites : car les tombereaux chargés de patients succédaient aux tombereaux ; et tout cela passait sous le couperet, et toutes ces têtes roulaient sur l'échafaud. Ce n'est pas tout encore, l'odeur du sang en donna le goût, excita les appétits, mit en train la bestialité. Des mégères coururent sus à la douce et grâcieuse princesse de Lamballe, lui ouvrirent la poitrine, et en dévorèrent le cœur tout vivant.

Tant de crimes, tant de cruautés, tant de ruines, crièrent vengeance au ciel.

Les organisateurs de ce régime sanguinaire ou plutôt ces bêtes féroces, retombèrent enfin sur eux-mêmes. Ils se jalousèrent, se dénoncèrent, s'accusèrent, se jugèrent, se condamnèrent et... O Dieu ! Ce sont bien de vos coups... s'envoyèrent à leur tour à la boucherie.

Les Girondins commencèrent le défilé de cette parade involontairement expiatoire en l'honneur de l'humanité outragée. La danse macabre continua par les Conventionnels. Il s'en échappa, hélas ! et des pires. C'est qu'ils étaient de piétres amants de la mort pour leur propre compte, ces Conventionnels. Beaucoup furent hideux de lâcheté sous le couteau.

Tel fut le dernier acte de cette tragédie épouvantable, sans pareille dans l'univers civilisé, que l'histoire a stigmatisée du nom de *Terreur* et dont l'héroine fut la République qu'il répugnera toujours à l'amour-propre des vrais patriotes d'entendre traiter de française.

J'ai négligé de parler des trois principaux acteurs. Chacun peut lire leurs noms au pilori de l'histoire des plus grands criminels qui aient souillé le monde ancien et moderne. Là cet ignoble triumvirat symbolise la République sous les noms de

MARAT, DANTON, ROBESPIERRE.

V

RÉVOLUTION & FRANC-MAÇONNERIE

Nous revenons avec insistance sur ceci que, si une transformation des choses publiques était nécessaire en France à la fin du siècle dernier, cette évolution aurait pu s'effectuer pacifiquement : car rien de la part du roi, du clergé, de la noblesse, ne s'y opposait, bien le contraire. Il est remarquable, en effet, que parmi les cahiers des trois États, ceux de la noblesse étaient les plus chargés de réformes à accomplir. Non, comme les républicains se plaisent à le crier outrageusement pour la mémoire de nos ancêtres, parceque le peuple français d'alors était composé d'ilotes et d'esclaves dont il s'agissait forcément d'améliorer le sort ; mais parce que le régime en vigueur ne semblait plus en rapport avec les besoins de la civilisation moderne qui commençaient à se faire sentir. Il est évident, par exemple, que l'ancienne réunion matérielle des trente-deux provinces sous un même sceptre était devenue insuffisante ; qu'une législation unique s'imposait au moyen de l'abolition des diverses coutumes provinciales ; qu'une impulsion uniforme faciliterait puissamment l'administration du royaume ; que l'unité française accomplie par Louis XI devait être complétée par l'unité d'action que procure l'exercice par une seule main du pouvoir exécutif ; qu'enfin le temps n'était plus aux privilèges.

L'œuvre de la Révolution ne pouvait donc point être et n'a pas été en effet d'affranchir un peuple qui était parfaitement libre, d'arracher la France à un régime fait de misère et de honte alors qu'au contraire elle marchait à la tête des nations ; d'illuminer des esprits qui ne croupissaient pas du tout dans les ténèbres. Aussi cette œuvre consista-t-elle à creuser avant tout un abîme entre les castes privilégiées et le peuple, à mêler constamment le fond et la forme, à compliquer par tous les moyens les moins honorables la difficulté des réformes à accomplir, à s'emparer du trésor et de la perception de l'impôt, à fomenter les haines politiques et religieuses, à violer la liberté de tous les citoyens, à renverser la Royauté et l'Église, à mener le peuple à l'assaut de la propriété en même temps que la bourgeoisie à celui du pouvoir, en un mot à s'établir personnellement sur les ruines du passé.

L'attentat, disons-le à l'honneur des populations qu'on croyait ainsi séduire, ne se consomma pas sans difficultés. A Versailles, le jour du fameux serment du Jeu de paume, la foule amassée au dehors accueillit les délibérations du Tiers-État par le cri de la vieille France : *Vive le roi!* On rencontra dans la plupart des provinces une répugnance invincible à s'emparer, même à prix d'argent, des biens devenus nationaux, plus d'un en acheta pour les sauver du désastre et pour les rendre à leur légitime propriétaire, le dévouement à Dieu et à la royauté trouva des serviteurs incroyablement dévoués, la résistance au péril même de la vie s'organisa puissante. Les plus habiles généraux de la République ne triomphèrent pas toujours de ces héros : la trahison, érigée en système, dut souvent leur venir en aide. La Bretagne et la Vendée, entre toutes, s'immortalisèrent dans ces guerres honteuses pour la République qui remporta ainsi ses plus tristes victoires contre une des fractions les plus nobles du peuple français. Aujourd'hui encore, malgré le travail incessant des républicains, en dépit des promesses et des menaces, ces fières populations sont à peine entamées, repoussent une alliance qu'elles traitent à bon droit de mésalliance, demeurent catholiques et royalistes, attendent patiemment l'heure de la délivrance, aimant Dieu et espérant le Roi.

Et, proclamons-le avec joie, elles ne sont plus seules à espérer. Comment le dissimuler ? Depuis un siècle que la République s'est introduite en France, depuis tantôt vingt ans qu'elle y a reparu, elle a eu tout le loisir de faire ses preuves. Or nous ne serons démentis par personne en affirmant que le plus clair résultat de cette expérience a été de répandre la lassitude, la perplexité et l'écœurement dans le pays. On est particulièrement affecté de se sentir sans lendemain ou en face d'un lendemain qu'on n'ose envisager sans terreur : car, outre que nous nous perdons irrémédiablement nous-mêmes si nous ne retournons pas de suite au culte des vrais principes, l'Europe nous regarde, pour ne pas dire qu'elle nous guette. *Péril au dedans, péril au dehors :* terrible dilemme.

Qu'on le veuille donc ou non en haut lieu, c'est bien dans le sens d'une volte-face vers un nouvel horizon, vers une autorité tutélaire, qu'il faut interpréter les majorités significatives qui se sont élancées vers l'ex-général Boulanger. Les aspirations des français sont encore mal définies, une sorte d'amour-propre chez les uns et l'intérêt personnel chez les autres obtruent encore l'objectif; mais ce qui est clair, éclatant, indiscutable, c'est que la masse est lasse d'un régime qui nous mène à la ruine et au déshonneur. Et comme l'intérêt des repus et l'amour-propre des gens sérieux sont de fragiles barrières contre le bon sens et l'intérêt général, un vigoureux appel à la raison et à l'expérience triompheront des dernières résistances. L'amour-propre particulèrement ne changera-t-il pas de mobile quand il comprendra qu'il est traîné à la remorque de gouvernants qui ne sont que de misérables sectaires et des parvenus gloutons?

Qu'est-ce, en effet, que tous ces républicains? Des francs-maçons déguisés. Et la Franc-maçonnerie? Une secte occulte qui depuis des siècles poursuit au profit de ses adeptes, la destruction de l'Eglise et de la royauté par tout l'univers.

Car les autres nations de l'Europe commettraient une dangereuse erreur en s'imaginant que la France est sa première et sa seule victime. Le passé en compte et l'avenir en comptera, si elles n'y veillent, encore bien d'autres. Tous les jours la République, j'entends par là la Maçonnerie française, le répète à l'oreille des souverains qui ne sauraient sans péril y demeurer sourds : *La Révolution fera le tour du monde*. En présence de pareille menace tous les gouvernements monarchiques de l'Europe deviennent solidaires. Ici sous le nom de Maçons, là sous le celui de Charbonniers, ailleurs sous celui de Socialistes, de Communisles, de Possibilistes, d'Anarchistes, de Nihilistes, etc., nous retrouvons la même secte avec les mêmes théories subversives, les mêmes redoutables agissements. *Ni Dieu, ni maître;* ni Église, ni royauté; autrement dit la société sans foi ni loi; au milieu de cette société l'individu isolé, sans appui, sans horizon, sans boussole, sans espoir, maudit, abandonné de Dieu et des hommes. Ah, la facile dupe que cet être hébété, jouet de toutes les passions, réduit à merci, sans honneur ! Quel maniable instrument pour l'accomplissement des plus odieux projets !

Et c'est un tel homme que la République nous présente comme type de la créature enfin redevenue *libre?* Fi ! C'est un esclave, et le pire des esclaves : car, mis en pareil état, il doit obéir à tout et n'a plus de raison pour se refuser à rien. La force seule peut alors le dominer, s'il n'a pas la force. Il ne connaît plus d'autre moyen de réduction. Amené à ce point, il est prêt pour se jeter bestialement sur toute société ou tout individu qui s'opposera à ses satisfactions.

Qui oserait m'objecter qu'au contraire cet homme est désormais sous l'empire du seul mobile qui soit digne d'en imposer à un être raisonnable : sous l'empire de l'*honneur* ? Oh ! non, mille fois non. L'honneur est la pudeur de la conscience, et une telle créature, mâle ou femelle, n'a plus de pudeur. Il lui faut jouir, jouir encore, jouir de tout et contre tous; pour parvenir à la jouissance, tous les moyens lui sont bons, même le crime. Voyez les hommes de la Révolution et, de nos jours, cette race, moins méprisable, si possible, par ses turpitudes, que par la désinvolture révoltante qu'elle met à les afficher.

Ambitieuse de parvenir à la domination des peuples, on conçoit donc que la maçonnerie se soit attaquée à la royauté. Mais pourquoi sa haine contre l'Église catholique? Parceque l'Église catholique est le principe et le fondement de l'autorité. Remontons en quelques mots l'histoire.

Tandis que dans la vieille Europe hors de la domination romaine les groupes devenaient peuplades, les peuplades nations, tandis que les conflits sanglants croissaient chez elles et entr'elles, voici qu'une religion était née qui devait transformer l'univers. Phénomène remarquable : la barbarie qui préside à la naissance des peuples marque également l'époque de leur décadence. L'esclavage dans la civilisation raffinée des Romains, le servage dans les autres contrées de l'Europe, tel était l'état des choses au moment où l'Eglise prit un certain empire sur les princes et sur leurs sujets. Proclamant, au grand étonnement des faibles et des forts, le contre-pied des mœurs en vigueur, elle enseigna aux humbles que la liberté n'est pas le désordre, aux grands que tous les hommes sont frères, à tous que tous sont égaux devant Dieu. Ainsi adoucit-elle les mœurs, atténua-t-elle les malheurs des guerres, enfin obtint-elle des résultats si prodigieux que peuples et rois accoururent à ses genoux, serviteurs désormais dévoués de ses institutions divines. Les plus fiers Sicambres d'abord courbèrent la tête devant elle. Plus tard, avec une intuition qui honore ces époques lointaines, elles comprirent qu'une telle autorité devait être pour le bien général abritée contre toute pression sur son indépendance, et elles créèrent la royauté temporelle du

Saint-Siége. Dès lors les plus puissants monarques, en témoignage de cette suprématie morale, se firent un devoir et un honneur de recevoir du Pape-Roi leur investiture. C'est, on le voit, l'heureux mélange des pouvoir divin et humain pour le plus grand prestige de l'autorité royale, pour la liberté de l'Église, en même temps qu'une garantie précieuse pour le bonheur des peuples.

L'esprit du mal devait en prendre ombrage. Il enveloppa du coup d'une même haine l'Église et la royauté. La révolte des vassaux contre les suzerains, des suzerains contre les rois, des rois eux-mêmes contre le Saint-Siége, en fut la conséquence; la conséquence aussi ces défections religieuses qui engendrèrent les périlleuses réformes de Luther et de Calvin. Car le malin esprit propagea la discorde sous toutes les formes.

Songez donc : Dieu lui-même représenté sur terre, gouvernant le monde, dirigeant les consciences souveraines, instruisant les peuples de leurs devoirs et de leurs droits. Quel moyen, avec cela, de s'immiscer dans les affaires humaines et de les tourner à son profit ? Tandis qu'avec la discussion des dogmes, la récalcitrance des têtes couronnées, la désunion générale, les républicains d'alors, qui n'auraient pas encore osé s'intituler tels, parvenaient à arracher des bribes de pouvoir. Ce fut le beau temps de la Franc-maçonnerie : elle eut des apôtres jusque sur les trônes, elle fit la loi à une partie de l'univers, elle put se croire un instant sur le point de triompher.

Malheureusement pour l'achèvement de si beaux rêves il y avait là la France, la fille aînée de l'Église, franche d'allure, peu sympathique aux novations louches, difficile à séduire dans la personne des gens de cour, dont le menu peuple ne donnait que fort peu dans les filets. Longtemps, très-longtemps, la Maçonnerie dut se résigner à un travail de taupe sous le sol français.

La légèreté de notre caractère finit cependant par prêter le flanc. L'ennemi nous prit par le rire. On goûta les écrivains qui distillaient la plaisanterie et le sarcasme contre l'Église, puis ceux qui déshabillaient les rois devant le public. L'ennemi accapara les philosophes qui se firent un jeu du doute et de l'incrédulité. Le peuple aussi fut flatté : on lui insinuait, comme l'a proclamé plus tard ostensiblement la République, qu'il n'a que des droits; on contestait sourdement l'origine de la propriété que les républicains traitèrent ensuite de vol; bref, on lâcha les écluses et, faisant hypocritement siens les principes de l'Église, on jeta en pâture à la foule les grands mots de *Liberté*, d'*Égalité*, de *Fraternité*, vides absolument de sens humainement pratique, et qu'on retrouve cependant partout dans la bouche ou sous la plume des exploiteurs.

Pas moins qu'aux yeux de cette foule liberté devint synonyme de désordre, égalité celui de nivèlement des têtes et des fortunes, fraternité celui d'association démagogiques.

Tel est, à l'intérieur, tout l'héritage que nous a légué la Révolution, bagage d'emprunt et pas nouveau, qu'il n'y a nul besoin d'être grand docteur pour reconnaître appartenir à l'Église.

Je ne parle pas, bien entendu, des relations diplomatiques qu'elle nous créa. On conçoit qu'après l'assassinat de Louis XVI les puissances s'éloignèrent de nous avec une horreur qui n'a d'égal que le dédain qu'elles nous prodiguent depuis 1870.

VI

LA RÉPUBLIQUE DE 1870

1870, *l'Année terrible* !

Moins terrible cependant par nos désastres que par l'avenir qu'elle nous a ouvert.

Qui ne s'en souvient ? La Défense nationale venait d'avouer son impuissance, la France était jonchée de cadavres, Guillaume dans Versailles écoutait pour la forme nos plénipotentiaires, l'Allemand campait autour de Paris. A l'écart, encore dans l'ombre, la République savourait en silence nos malheurs, supputant ce qu'ils pourraient lui rapporter. Un pays démembré, pour longtemps invalide, absorbé dans son deuil, avec une administration en l'air, qu'elle proie opime !

Elle s'appuyait au bras d'un petit homme, grand orateur, écrivain illustre, qui s'était soigneusement gardé d'amoindrir son nom en le mêlant à une guerre dont il avait prédit l'issue, qui revenait au contraire à point voulu d'un voyage à travers les cours d'Europe où il avait été pressentir l'opinion sur son futur avènement au pouvoir, en qui la France en délire devait prochainement saluer le *Libérateur du territoire*.

Cet homme qui aimait peut-être la patrie, mais se préféra

souvent à elle, républicain non par goût, mais par esprit de maîtrise, aurait pu sauver jadis la monarchie et pouvait présentement la restaurer ; mais il rêvait du trône et, n'étant pas né sur ses marches, il enviait à tous le moins le fauteuil présidentiel. Il voulut ensuite descendre, non par modestie comme Trajan, mais parcequ'il n'y dominait pas d'assez haut. Disons que sa personnalité donna aux débuts de la République un relief éphémère qu'elle perdit sans retour en perdant son auteur. On n'a pas oublié le cas qu'il faisait de la souveraine. Le jour de son divorce avec elle, il lui prédit qu'elle *finirait dans le sang ou l'imbécillité*; il aurait pu ajouter : *ou dans la boue.*

Les circonstances servirent de nouveau fort mal la République en lui imposant un soldat *sans peur ni reproche*, le maréchal de Mac-Mahon. — Les français se moquaient-ils donc d'Elle, ou la prenaient-ils pour une petite bourgeoise qu'on relègue derrière un comptoir ou qui vaque banalement aux soins du ménage ? Des corrompus, des imbéciles, voilà les seuls collaborateurs que sa majesté tolère ! Elle le leur ferait bien voir. — Cette fois la majorité républicaine de la Chambre, qui a plus de besoins que des vertus, la servit à souhait. Pour le coup, la Gueuse jeta le masque et, avec la familiarité blessante de ces belles habiles à retourner les poches et à vider les goussets, elle sauta sur nos genoux triomphante. D'un regard enveloppant elle inventoria ses dupes, d'un tour de main elle nous dévalisa d'abord sommairement comme pupilles en rupture de tutelle. Puis, comme les victimes criaient au secours, les protecteurs cachés de la drôlesse surgirent, une nuée de protecteurs, qui s'abattirent sur nous, achevant à qui mieux mieux sa belle œuvre.

On croirait peut-être que cela se passe dans la forêt de Bondy, ou bien dans le Temple où la juiverie avide raccroche les naïfs acheteurs ? Non certes. Cela se passe à l'Elysée, en plein palais de la présidence, où la République tient boutique d'affaires véreuses. On voit que la corruption ne part pas de bas. De ce sommet, quelque peu abaissé, descendent à la file des administrateurs pratiquant la concussion de compte-à-demi avec le gouvernement, des entrepreneurs de loteries officielles, des impures escomptant le papier suspect, des généraux et des sénateurs ayant engagé à fonds perdus leur considération, des coulissiers ministériels jouant sur les bulletins de la guerre, des boursiers tarés, des assureurs sans vergogne, des magistrats plus hauts que le scrupule, et le reste. Dans cette brocante interlope on vend pêle-mêle de tout, et tout : des hôtels et du vin de Champagne, des numéros gagnants et des gamelles, des chevaux et des télégrammes, des journaux et des bijoux, des jugements et des châlets, les joyaux de la couronne de France, hélas ! et par-dessus le marché la croix de la Légion d'honneur.

Vous reculez de dégoût devant ces souvenirs tout frais ; vous comprenez comment, de proche en proche, avec l'audace que donne l'exemple, la France soit envahie par les exploiteurs ; vous entrevoyez la main fatale du gouvernement dans toutes les administrations publiques et les grandes affaires privées, dans l'industrie et le commerce ; vous comprenez qu'un tel gouvernement est trop intéressé à ne pas provoquer, et ses associés à refouler le cas échéant toutes réformes dans l'administration coloniale, la justice, l'enseignement, l'enregistrement, les finances, la guerre ; qu'au contraire ce gouvernement canalise vers lui toutes les sources d'un écrasant impôt, tous les genres de bénéfices les moins avouables, curée républicaine que se dispute avec lui cette kirielle de ministres paraissant et disparaissant chaque jour ; vous voyez maintenant pourquoi tous ces cracs, la chute de toutes ces grandes compagnies financières, l'engloutissement de l'épargne privée, l'écroulement subit du Comptoir d'Escompte, le doute qui a atteint les rares établissements de crédit survivant et effleuré jusqu'à la Banque de France qui, pas plus que la femme de César, ne devrait être même soupçonnée.

Le gaspillage commence dans ces collèges occultes d'où les Frères et amis lançent leurs meilleures recrues à l'assaut du pouvoir, il devient débauche pendant la période d'entraînement des masses électorales, orgie après le triomple. La consigne est de démoraliser vite et de laisser la place à des successeurs déjà désignés. Aussi chacun de sauter aux fonds secrets, de pratiquer des vîrements, de vendre situations, justice et faveurs, d'emplir ses poches. Après quoi, et avant de disparaître, tous ces parvenus se gavent, s'enivrent, se vautrent dans les fauteuils, voyagent, ripaillent, s'enrubannent, se rengorgent, se saluent, font la roue, confondant les hommages officiels avec le respect, la platitude avec le dévouement, les honneurs avec l'honneur, se donnant par ainsi l'illusion du monde.

Tels ces valets effrontés qui s'entre-donnent des fêtes dans les salons de leurs maîtres absents, s'affublent de leurs habits, mangent dans leur argenterie, boivent leurs vins, prennent des airs, se traitent l'un l'autre comme gens de race, l'oreille au guêt néanmoins et prêts à détaler à la moindre alerte. Tels encore ces hideux oiseaux dont on rapporte qu'ils ne font pas de nids, trouvant plus à leur goût le nid tout chaud des autres.

Ah ! auprès de nos souverains d'occasion les Communards étaient de bien digne monde. Eux, du moins, ne demandaient *que trois jours de robes de soie pour leurs femmes*. Ils brûlaient bien un peu les monuments publics, mais à cette heure on les dévalise.

Peuple souverain, applaudis : tes principicules s'enrichissent et s'amusent. Contribuables, une risette ; c'est avec votre argent que tout ce beau monde *fait la fête*. Courage, pères nourriciers de la patrie, laborieux agriculteurs, renouvelez sans cesse la fortune de la France, vous dit M. Tirard ; il faut à vos seigneurs que vous accumuliez l'épargne, car ils ont besoin d'une réserve inépuisable.

En douteriez-vous ? Ouvrez la caisse de l'Etat : *Trente-sept milliards de dettes, et les immortels principes de 89 !*

En vérité le mot de République n'est-t-il pas vraiment qu'une enseigne au-dessus de la caverne ? La raison sociale d'une industrie criminelle dont le but est l'exploitation, par une bande noire, de la fortune et de l'honneur de la France ?

Et voilà les éducateurs de la jeunesse française, les ravisseurs qui arrachent l'enfant des mains du père de famille décrété indigne, les prêtres du nouveau concubinage légal, les purs qui chassent des hospices les vierges de Vincent de Paul, les protecteurs du droit qui expulsent les religieux et séquestrent leurs propriétés, les bravaches qui arrachent le Christ des mains d'une faible institutrice pour le jeter au panier, les entrepreneurs de bals publics qui convient les honnêtes filles à perdre tout et le reste au coin des carrefours, les logiciens qui repoussent l'aumônier du champ de bataille et condamnent le lévite à la vie démoralisatrice de la caserne, les politiciens qui demain, s'ils triomphent, vont prononcer la séparation de l'Église et de l'État, supprimer le budget des cultes et renvoyer les catholiques aux catacombes, les apôtres de la Liberté, de l'Égalité, de la fraternité !

De leur égalité nous nous moquons un peu. C'est là un sentiment divin qui ne saurait fleurir que dans les âmes, et les âmes ne s'égalisent point en vertu d'un décret. Il faut avoir perdu le sens pour ne pas comprendre que tant que le plus humble employé aura un bout de galon à sa casquette, il se croira supérieur à qui tombera sous sa patte. Jusque parmi les chiffonniers il y a, Dieu merci ! chiffonnier et chiffonnier. L'esprit d'inégalité est, au contraire, une vertu humaine sans laquelle il n'y aurait plus d'émulation; or l'émulation est la base de la hiérarchie sur terre. Toujours il y aura des supérieurs et des inférieurs absolument comme, n'en déplaise aux utopistes, *il y aura toujours des pauvres parmi nous.*

Nos gouvernants ne l'ignorent pas, du reste, et leur morgue rageuse en est la meilleure preuve. Ah ! s'ils pouvaient aller de pair avec leurs antagonistes, s'ils étaient rois ou princes ! Moins que cela même ! Mais non ; ils ont beau se trémousser, ils ne sont rien. Alors ils prêchent au peuple une égalité que l'Église seule a le droit d'enseigner parce que devant Dieu seul tous les hommes sont égaux. Par contre, ces égalitaires bouffis d'orgueil s'acharnent à vouloir rabaisser les grands jusqu'à leur petitesse. Mais il n'est rien de nouveau sous le soleil, et il est sans exemple que ce moyen-là ait jamais réussi.

Particulièrement chez nous, français, l'égalité n'est pas du tout un sentiment national. Pas un qui croie que son voisin soit son égal. Et ce n'est que justice, le plus minime possédant toujours un genre de supériorité quelconque que ce voisin n'a pas.

Mettons donc ces gens-là de côté ; continuons à nous élever tous, tant et pour autant que nous sommes, par notre travail, notre intelligence, notre fortune, notre probité, notre caractère, par l'abandon surtout de ces hypocrites formules républicaines qui ne seront jamais, quoi qu'on dise et fasse, l'apanage et la marque des gens de qualité

Oserai-je vous parler de la fraternité ? quelle âme angélique, c'est-à-dire absolument désintéressée des choses de la vie et sans répugnance pour ce qu'elles ont parfois d'abject, il faudrait pour la peindre ! L'homme qui a tant fait, qui fait tant tous les jours de mal à l'homme, lui pardonner à chaque instant ; tout oublier, l'aimer comme un frère... Mieux encore : aller le chercher, le flairer, le découvrir dans des milieux moralement et matériellement immondes ; l'y soigner ou le consoler, vous ressouvenir qu'après tout il y a là une âme sœur de la vôtre, c'est déjà sublime ! Mais quand l'être qui va ainsi au devant de ses semblables est une faible femme, quand elle refoule au fond de son cœur en révolte toutes les délicatesses des sens et de la pudeur pour affronter les plus dégoûtants spectacles de l'âme et du corps, il n'y a qu'un mot pour exprimer cet acte surhumain, c'est celui de *Charité*, de cette charité qui est un rayon de l'amour divin.

Quand la République a besoin des dévouements que cet amour seul enfante, savez vous ce qu'elle fait ? Gambetta lui a dit : *l'Église, voilà l'ennemi* ; mais le renégat, qui connaissait pour l'avoir expérimenté, que de l'Église procède la vraie, la seule, l'unique fraternité, a pris soin d'ajouter pour l'usage des maladroits qui auraient été tentés de le prendre au sérieux : Attention ! La haine contre l'Église, cela se débite en France ; mais *ce n'est pas un article d'exportation.*

Donc quand à Madagascar, au moment précisément où les impies décrétaient ici la laïcisation de nos hospices, une épidémie terrible vint à sévir, savez-vous ce que fit le ministre assez embarrasé ? Il s'adressa à la supérieure des sœurs de Charité et... Et elle, lui épargnant délicatement le souci d'une requête qu'elle prévoyait humiliante, lui dit : — J'ai cinq sœurs disponibles, à quand le prochain paquebot ?

Un mois après le débarquement, trois des cinq sœurs avaient déjà succombé. Voilà qui est simple.

Vous ne la connaissiez peut-être pas encore, cette fraternité-là ? Eh bien, c'est celle que nos républicains veulent anéantir ; si vous avez un cœur d'homme, votre bulletin de vote les en empêchera.

Parmi les mots pompeux que la République de 93 à légués à celle de 1870, le troisième, non le moins séduisant, est celui de Liberté.

La Liberté ! Don précieux ou funeste, selon que l'homme en use bien ou mal, qu'un gouvernement s'en fait une arme à son profit ou un instrument de bonheur pour la nation.

C'est au nom de la Liberté que les *Terroristes* ont pratiqué le vol et l'assassinat, au nom de la Liberté que leurs continuateurs ont séquestré la propriété et se disposent à envoyer ses propriétaires à la mort.

Que vous importe à vous, dira quelqu'indifférent stupide, du moment que ces propriétaires sont des religieux? — Il m'importe énormément à moi, au contraire, et à vous plus que vous ne soupçonnez : car ces religieux et ces religieuses sont vos enfants ou les miens, nos frères ou nos sœurs, nos parents ou nos amis, et, avant tout, des citoyens français. Il nous importe encore parceque, en les expulsant, le gouvernement républicain enrichit l'étranger de leurs talents, de leur fortune parfois et, ce qui vaut mieux, de leurs vertus. Il nous importe enfin et surtout parce qu'une fois la liberté violée dans la personne des uns, adieu la sécurité pour les autres; parcequ'alors le magistrat sur son siège, le sergent de ville dans la rue, frapperont à tort et à travers, arbitrairement, sans raison, au gré des passions, du bon plaisir même.

Tel a une propriété, une industrie, une épouse, qui plaisent à tel ou tel. Eh bien, moi, ce bien, ce commerce, cette femme, je les veux, dit quelque puissant du jour. Et comme nous sommes les maîtres, nos tribunaux vous exproprieront, vous mettront en faillite, prononceront votre divorce. *Sic, pro ratione voluntas.*

Vous riez jaune, comme on dit vulgairement: c'est que l'argument vous touche, qu'à ces traits vous reconnaissez l'histoire contemporaine, l'histoire de tous les jours qui se traduit par ces mots banals, tant que l'arbitraire ne nous atteint pas en personne : — Comment? Un tel ruiné! Un tel déshonoré! mais c'est une infamie.

Eh! oui, c'est infâme; mais c'est comme cela, et ça ira de pire en pire: car l'arbitraire n'a encore frappé que vos biens, votre honneur. Mais votre vie? Attendez un peu, elle aura son tour. Du Jeu de paume de Versailles à la place de la Révolution il y avait plus d'un pas, plus d'une étape de la Fédération à la Convention; les Girondins n'ont pas été de suite égorgés par les Conventionnels. Pourtant on y est arrivé. De même Ferry n'est encore que *l'homme des décrets*, Floquet n'a pas encore endossé *le gilet de Robespierre*, le Pouvoir n'en est qu'à la *Haute-Cour de justice*. Hier ils ont proscrit les unités princières, demain ils fusilleront les masses populaires qui résisteront à l'oppression. Vous savez? Le plateau de Satory.

Soyons de bon compte. Croyez-vous vraiment que c'était tous coquins, ces prêtres; tous coquins, ces nobles; tous coquins, ces bourgeois; tous coquins, ces hommes du peuple; ces victimes innombrables de 93? Rien que leur nombre indique que cela ne pouvait être, que cela n'était pas, à commencer par ce roi que ses bourreaux eux-mêmes traitaient de débonnaire. Mais, précisément parceque tout ce monde n'était pas malhonnête, il a dû succomber : les premiers à cause de leur caractère sacerdotal ou de leurs titres, les seconds parce qu'ils crièrent au crime, les troisièmes parceque ce peuple, soit-disant abruti, était fort digne dans son ensemble, et qu'il ne voulait pas se faire pourvoyeur du bourreau, délateur, mouchard. Alors à la mort, encore à la mort, toujours à la mort !

C'est qu'il est dans la nature, de l'essence même du gouvernement de la République d'être despote et sanguinaire parcequ'il ne peut se maintenir qu'à ce prix, parcequ'il est la révolution en permanence : parceque *son ressort*, dit Robespierre qui s'y connaissait, *est la terreur* ; parceque, ajoute son acolyte Saint-Just, *ce qui constitue la République, c'est la destruction de tout ce qui lui est opposé ;* parceque déjà les hommes indépendants ne peuvent plus vivre sous elle, et que bientôt elle les fera périr.

Que dites-vous, se récrie plus d'un républicain à l'eau de rose? Nous connaissons nos chefs peut-être? Eh bien, tenez-les pour gens fort aimables, très-corrects, n'ayant aucun de ces vilains projets-là. Nous en pourrions même citer plus d'un qui va à la messe.

Soit, répondrai-je, nous savons de reste que Judas était disciple de Jésus. Mais Robespierre, lui aussi, se piquait de quelque grâce et prétendait au titre de juste. N'empêche que chaque soir, avant d'aller au bal, il signait d'une main gantée de frais la liste des têtes à faire tomber le lendemain. Après quoi il dansait gaiement en attendant, sans s'en douter, son tour.

Apprenez donc, pauvres naïfs, que vos chefs ne sont que les fantoches d'une opinion atroce, les marionnettes qu'agite un pouvoir plus fort qu'eux et destructeur, les victimes futures d'une utopie meurtrière. Ce sont des athées, c'est-à-dire des sectaires de la pire espèce. Voltaire, vous entendez bien, Voltaire a dit d'eux que c'est ce qu'il y a de plus redoutable ; *qu'il ne voudrait pas qu'un athée lui ait promis de le faire écarteler, car rien ne pourrait le soustraire au supplice.* Et le motif donné par Voltaire, est irréfutable : l'athée ne connaît ni Dieu ni remords ; or si, de nos jours, on n'écartèle plus, on mitraille. Ça détruit plus de monde et c'est plus preste.

Adorez donc vos chefs, si le cœur vous en dit, mais n'en parlez plus.

Ecoutez plutôt Boulanger qui, sur l'air des *Piou-piou d'Auvergne*, entre en scène, le regard héroï-comique, et prêt à tout pourfendre.

VII

L'EX-GÉNÉRAL BOULANGER

Car il n'est plus général, le pauvre général, et il faudrait des circonstances que nous ne souhaitons pas pour que la nation éprouvât le besoin de lui rendre son épée. Occupons-nous donc de l'homme politique seul, et de ses visées.

Pour hautes, elles le sont : il ne tend à rien moins qu'à gouverner la France. Cela résulte catégoriquement de son discours à Nevers : *Certes, il est bien permis à un citoyen d'avoir l'ambition de servir son pays.* L'homme est tout entier dans ce peu de mots : un ambitieux, ni moins, ni plus. Son rôle inopiné de général en chef d'un corps d'armée ne suffit pas à son ambition, il lui faut le maniement d'une nation. Ah, ces républicains, ils ne doutent de rien !

Et les circonstances semblent lui donner raison, M. Henry Maret l'a démontré : *La République est le seul système de gouvernement qui permette à un homme de se mettre en avant au point de devenir dangereux... Et cela se produit toujours. C'est fatal.*

Mais le citoyen Boulanger est-il bien l'homme de ces circonstances ? A-t-il réellement l'envergure d'un aventurier redoutable ou, comme certains le prétendent, le désintéressement patriotique d'un restaurateur de monarchie ? Pas plus l'un que l'autre.

On est aventurier, ou on ne l'est pas. Si on l'est, on l'est tout d'une pièce, pour la bonne comme pour la mauvaise fortune. Bonaparte tombant, le 18 Brumaire, s'ensevelissait dans l'obscurité ; vainqueur, il est allé à l'histoire. Avant d'engager la partie, il acceptait qu'il n'y eût pas de milieu.

Au lieu de cela Boulanger, le 27 Janvier dernier, a fait trembler les *Oies sacrées* au capitole ; mais le premier jour d'Avril, il filait entre deux eaux devant elles. C'était abandonner l'aventure. Si le ridicule tuait encore en France, il en serait mort.

Un roi ne peut se permettre de ces équipées : il représente le droit, un principe ; il porte avec soi une race, la fortune d'une nation. Boulanger, lui, n'avait à risquer que sa personne ; et il a reculé.

— Mais le *Parti National* qui aurait perdu son chef? Le Pays qui aurait pu perdre son sauveur? — Allons donc ! Qui parle de parti national? La quintuple élection de Boulanger n'a été qu'une manifestation, celle de la lassitude. La France, Paris, ne seront pas moins las dans quelques semaines. Alors ils trouveront aisément cinq cents autres députés pour le dire.

Ceux-là font également trop d'honneur à Boulanger qui lui prêtent le tempérament d'un *Monk*. Relever un trône pour y asseoir un roi, c'est le fait d'une âme peu ordinaire, pas celle par conséquent d'un proscripteur. Si donc les royalistes ou autres sont assez candides pour y croire, ils s'abusent à plaisir.

Tenons donc simplement Boulanger pour ce qu'il est : la dupe très embarrassée aujourd'hui d'une faction et de son propre orgueil.

Marcher bravement à la tête d'un régiment, je l'en crois très-capable, et il l'a prouvé ; conduire habilement un corps d'armée ou une armée à la victoire, il faudrait voir. Mais dans ces divers postes croyez bien qu'il tirerait sont aplomb et sa supériorité de l'état alors normal de sa situation et de la consigne. Mener en simple particulier une émeute à l'assaut, c'est autre chose : au moment décisif son esprit s'inquiéterait, se troublerait ; le soldat hésiterait : à la gare de Lyon il a déjà hésité, tandis que la voie dans laquelle il est engagé ne souffre pas d'hésitation.

Nul doute que, s'il pouvait sortir du bourbier, il aurait *le cœur à l'aise*. Mais il lui faudrait faire amende honorable. A qui? Et qui voudrait l'accueillir? Il a trop méprisé nos maîtres du jour pour s'agenouiller devant eux. Quant au roi, il y a un abîme entre lui et l'ancien ministre républicain : la proscription.

Il n'y a entre eux de commun que l'exil. Seulement le premier y a emporté l'espoir de la France, le second l'indifférence en attendant l'oubli.

Reste l'Empire qui, dans ce cas prendrait comme catapulte moins l'irrédentiste ambitieux que le contingent de la Ligue des patriotes qui lui fait escorte. Car ce qui distingue à la fois l'Empire et l'ex-général, c'est le caractère personnel, autoritaire, despotique; or, dans le domaine du pouvoir, les semblables ne conviennent pas aux semblables. A moins donc que l'ex-général, qui se donne si hautement pour républicain, ne fasse volte-face pour se faire l'humble serviteur de l'Empire? Ceci n'est pas sans exemple.

Toujours est-il que, jusqu'à preuve du contraire, on en est réduit à se demander par quel côté le César en herbe pourrait séduire l'un des partis qui bientôt vont se disputer le pouvoir. Sa popularité? Elle n'a pas de racines. Son génie militaire? ce n'est qu'une supposition. Son caractère? L'ingratitude répugne même aux ingrats. Son talent d'historien? M. Quesnay de Beaurepaire, aurait bien dû le faire condamner à étudier les commentaires de César. Son entourage? Sa composition bariolée fait plutôt peur. Son programme, Dissolution, Révision? C'est celui de tout le monde. Son projet de Constituante? Mais ce serait le prélude de la guerre civile et de la dictature! Sa politique?

Il est fort heureux, vraiment, pour le citoyen Boulanger et la Ligue des patriotes que les français aient la mémoire courte. Autrement ils se souviendraient que clientèle et patron sont issus de l'idée de *Revanche*, et qu'ils ont étrangement dévié de leur point de départ. Certains membres de cette ligue ont été moins oublieux ou plus clairvoyants que le public. Après une querelle mémorablement instructive, ils se sont éloignés, partie des ligueurs refusant de dégénérer en *Jacquerie*, de se mêler à la politique, de subir le joug d'un parti ou d'un homme, de chercher une autre satisfaction que celle de l'amour-propre national. Honneur à ceux-là!

Qui, de Boulanger alors général, ou de la Ligue des patriotes, a été au-devant de l'autre? Peu importe. Mais il y a belle lurette qui ni l'une ni l'autre ne songent plus à la revanche, s'ils y ont jamais pensé. Je parle ici des meneurs, et non des moutons. Actuellement ils sont tout et tous à la paix, à cette paix plus ou moins bien armée qui seule leur paraît désormais convenir à la France; ou plutôt ils sont tout entiers à la chasse du pouvoir.

Mais, pour l'amour du ciel, est-il donc possible que tant de gens qui ne sont pourtant pas des imbéciles, qui ont des projets autrement sérieux et respectables, qui ont un passé indéniable de dévouement à des idées nobles et chères, qui n'ont ni ne veulent avoir d'illusion sur la durée plus que précaire d'un accord monstrueux, se laissent malgré tout aller à pactiser, ne fût-ce que pour l'heure des élections, avec ce prétendant aussi dangereux que ridicule? Ils ne voient donc pas que c'est s'acculer dans une impasse? Qu'une telle stratégie ne les mène à rien? Qu'elle est visiblement contraire aux intérêts de la patrie en éternisant la lutte contre chacun quelconque des champions de la République?

Triomphe Boulanger : et après? Méditez donc son discours de Tours. Il vous y promet :

La liberté de conscience. — Avez-vous besoin de lui pour prier Dieu dans le secret de votre cœur?

Le culte public de votre religion? — Une imposture, puisque c'est la nation qui en décidera : le referendum.

La Monarchie? — Pour cela, non. Tout, le contraire : la République consolidée, oui ; l'autorité restaurée... dans sa personne ; la liberté garantie... par lui-même.

Une lueur d'espoir pour nos plus chers désirs? — Erreur. Il faudrait pour cela de trop profondes secousses, nous prévient-il ; il en pourrait être ébranlé. — A d'autres!

Le respect après votre défaite? Pas même. Son élévation aura été votre œuvre. Si vous êtes trompé, ç'aura été votre faute. Il ne le cache pas. Tant pis pour vous s'il vous flagelle ensuite. L'aveu est raide, mais il est catégorique.

Par exemple, et en cela il abuse prématurément de l'ironie, il vous comblera de *toutes les libertés.*

Tenez, on n'est pas plus impudent.

Par bonheur pour nous tous, Boulanger est comme les triomphateurs de l'antiquité. Il a à ces côtés, non pas un esclave, mais un ami, je me trompe, une ombre, un gêneur, qui a nom Naquet, et dont l'emploi consiste à traiter le héros de menteur. Ainsi, à Tours, aussitôt fini le discours de l'un : N'en croyez rien, dit l'autre, ou croyez tout l'opposé de ce qu'il vous raconte. Boulanger peut dire, mais nous sommes là. Or vous me reconnaissez? Je suis le *Naquet du divorce*, de la sécularisation à outrance, et de bien d'autres choses. A bon entendeur salut!

Boulanger a tort, si toutefois il est libre, de se faire escorter de Naquet; il ne lui manquait plus que *Rochefort* et les *commu-*

nards, et il les a. Mais s'il parvient à capter, avec de tels repoussoirs, vos bravos et vos suffrages, il aura raison de vous dire qu'il ne les a pas volés.

Mais non, encore une fois, je rêve; cela n'est pas possible. Un tel sinistre n'arrivera pas. Vous allez arracher le bandeau de vos yeux. Qui que vous soyez, *républicains* ou *monarchistes*, vous ne jeterez pas l'or pur de vos suffrages dans la sébile de ce jongleur.

Souvenez-vous qu'après la Ligue des patriotes il y a, de par la France, vingt autres partis républicains, vingt autres ligues. Le succès de Boulanger les allècherait. Ils viendraient à leur tour. Boulanger ne leur serait pas plus sacré que ne l'est Carnot pour Boulanger. Et puis, après celui-là, un autre; et ainsi de suite. La désolation de la désolation, quoi!

Grand Dieu! La France de Louis XIV affalée aux mains de ces Augustules de la décadence. *Averte casum!*

Pourvu encore que dans ce bel état, la diplomatie adverse ne se souvienne pas de la première attitude du général et de la Ligue, qu'elle ne la mette pas à profit pour nous chercher une querelle d'Allemands! Pendant qu'il en est temps, écoutons l'amiral Dompierre, l'amiral Krantz, tous les officiers de l'armée, de terre ou de mer, qui, sans dénigrer pour cela nos forces, envisagent jusqu'à nouvel ordre la guerre comme un malheur. En un mot, songeons à la guerre civile ou à la guerre étrangère et si, pour amortir le choc ou nous relever de nos ruines il nous faut élever une monarchie, que ce ne soit du moins pas la dictature impuissante et dérisoire de *Sa Majesté Pétrin I.*

VIII

L'EMPIRE. LA MAGIE DU NOM ET DES MOTS.

Et l'Empire, quelle nouvelle page complote-t-il d'ajouter à l'histoire de nos malheurs?

Il ne fallait rien moins, j'en conviens, qu'un nouvel Hercule pour nettoyer les étables de la Révolution. Napoléon a même été plus loin. Il en a fait disparaître les traces immondes sous des travaux d'une colossale entreprise. Il n'est peut-être pas de création intellectuelle ou morale, législative ou administrative, que n'ait provoquée son génie ou à l'achèvement de laquelle il n'ait donné son impulsion puissante.

Le moyen d'empêcher cet homme étonnant de ceindre la couronne trouvée au pied de l'échafaud de Louis XVI ? La France renaissante n'y songea même pas. La victoire entraînait son favori, les légions éblouies par les rayons de ce soleil montant sans cesse volaient sur ses pas, la gloire couronnait l'usurpation.

Nos plus fiers monuments sont couverts du nom des batailles que gagna Napoléon. Il fut, il est vrai, prodigue du sang français, sema nos os à travers l'Europe et au-delà ; mais aujourd'hui encore ce qui reste de héros de cette épopée gigantesque tressaille d'enthousiasme au souvenir de ce nom vainqueur.

Ce nom, il était digne de se dresser solitaire dans l'histoire. Elle l'eut ainsi transmis d'âge en âge avec tout son éclat, sans mélange, sans confusion possible avec un nom néfaste. Il devait en être autrement pour notre malheur.

Un demi-siècle environ s'était écoulé quand la Maçonnerie qui ne désarme jamais, qui continue patiemment son œuvre souterraine, qui comme une pieuvre tient collée à l'épiderme de la France ses impurs suçoirs, qui avait ri sous cape en voyant un cousin de Charles X détrôner en lui l'hérédité, qui connaît trop la puissance des principes pour n'avoir pas compris que l'avènement de Louis-Philippe était un accident propice à ses desseins, qui préluda donc à sa chute par je ne sais combien de tentatives d'assassinat, qui le fit tomber enfin malgré la grasse prospérité dont nous jouissions sous ce paisible règne ; quand la Maçonnerie, dis-je, ressuscita la République.

Comme toujours en ces circonstances, des esprits trop crédules, mais droits et généreux, mirent en avant pour la Présidence des noms illustres par leur vaillance et les services rendus. O candeur !

La Maçonnerie tenait en réserve un nom sans précédent personnel, mais autrement flatteur pour l'amour-propre du peuple : le nom de Napoléon. L'effet fut magique. Des millions et des millions de citoyens votèrent pour Louis-Napoléon qui, effrontément, donna à la République une accolade apparemment si fervente qu'il l'étouffa net dans son perfide baiser.

Cependant l'opposition ne tarda pas à se faire sentir, le nouvel empereur riposta par des hommes non sans valeur. La liberté, dont les plus redoutables défenseurs avaient été envoyés en exil, sombra dans la lutte. Le despotisme régna quoiqu'avec, il faut le dire, un semblant d'impartialité. On ne pouvait, par exemple, abolir la puissante Société de Saint-Vincent de Paul sans toucher pareillement à la Franc-Maçonnerie : on la décapita ou, ce qui revient au même, le Chef de l'État se réserva le droit d'en nommer le Grand-maître.

Ce fut la Maçonnerie italienne qui profita de l'abaissement relatif de la Maçonnerie française. Déjà, sous l'influence de la nature et de l'ampleur des moyens familiers aux *Carbonari* pour ramener dans le giron les princes égarés, le frère Napoléon avait dû marcher contre l'Autriche. Nos troupes rapportèrent de Solférino et de Magenta des lauriers ; mais cette guerre révéla l'insuffisance du Maître. La Prusse, attentive, put prévoir là quel serait l'adversaire de 1870.

Ce que fut la guerre d'Italie pour l'amour-propre de Napoléon III, celle du Mexique le fut pour nos finances. A-t-elle été entreprise pour donner un dérivatif, une occupation aux esprits qui commençaient à s'aigrir ? Toujours est-il qu'elle engloutit quantité d'hommes et de millions, qu'elle a été le commencement de nos malheurs et de notre ruine.

La politique de Napoléon III n'était ni plus perspicace, ni plus heureuse que son génie militaire. Son idée de voir se fonder à nos frontières l'unité italienne, de coopérer à la création de la nation la plus ingrate du monde, n'était à coup sûr pas née d'une étude pratique de l'histoire. Les résultats en étaient faciles à prévoir.

Lui, dont l'oncle avait si misérablement échoué contre Pie VII malgré sa redoutable puissance, ne devait-il pas comprendre que la Papauté est un roc contre lequel viendront à jamais se briser toutes les tentatives d'absorption ? Mais il était Carbonaro et, comme tel, il ne lui déplaisait pas de voir si un roi oserait et comment s'y prendrait la catholique maison de Savoie pour anéantir ce *Palladium* de l'autorité royale. Incontestablement Napoléon ne soupçonnait pas que Pie IX, bien moins fort que lui, mais certes plus brave, demeurerait courageusement debout dans la Rome des Papes tandis que lui même tomberait lâchement à Sedan. *Et nunc, reges, intelligite..*

Je ne refuserai pas à Napoléon III l'éclat factice de son règne. En retour, on m'accordera qu'il était bien difficile d'éviter que ce règne ne parut prospère. La France, sous Louis-Philippe, regorgeait d'or; l'Allemand n'en était encore qu'à étudier au beau milieu de nous les moyens de nous ruiner et de nous battre; les chemins de fer venaient de naître, prêts à transporter les richesses de notre industrie et de notre sol; l'Amérique n'avait point alors jeté sur nos marchés ces stocks énormes de produits qui menacent notre agriculture; selon une expression vulgaire, l'Empire *n'avait qu'à se baisser pour en prendre.* Bien nul qui n'aurait pas tiré de tous ces éléments au moins des apparences de prospérité et de splendeur.

Aussi quand l'Empire atteint, paraît-il, dans ses œuvres vives, songea à demander à la France un renouveau de pouvoir en Mai 1870, put-il escompter avec certitude sa popularité. Il en est d'ailleurs des mots comme des noms, celui de *Plébiscite* émerveilla les esprits et, sous son couvert, l'Empire put captieusement rendre la France solidaire de ses prochains désastres. — Eh quoi! L'empereur daignait consulter jusqu'au menu peuple *(plebs* d'où *plébiscite),* le faire entrer dans ses conseils! — La séduction était trop forte pour y résister. Comment, par contre, la nation ne se demanda-t-elle pas quel secret dessein contraignait l'Empereur à la consulter? Comment n'aperçut-elle pas qu'au fondc'était un blanc-seing qu'il sollicitait d'elle? Car de ses projets, de l'usage qu'il comptait faire de ce mandat raffraîchi, pas un mot. Il advint ainsi que, quand la guerre éclata trois mois après, il était impossible à la France de protester, de dire que cette guerre n'était pas populaire. Elle parut donc satisfaite et malgré que le commerce, ralenti jusqu'à la langueur depuis le 8 mai, baissât la tête en attendant un coup de tonnerre, ce fut d'enthousiasme qu'on cria: A la frontière! — Que voulez-vous? On n'abandonne pas un associé.

Cet enthousiasme était-il partagé par la population de Paris qui voyait, par l'armée qui savait? Les témoins oculaires sont unanimes à dire que non. L'état mal préparé au milieu duquel s'effectua le départ de la Garde donna trop à penser à la foule. Pour le soldat, il savait par expérience que rien n'était prêt. L'armée se mobilisa donc sous l'impression, promptement passée à l'état de réalité, qu'elle n'allait pas à la victoire. La détresse de nos courageuses troupes se révéla bientôt affreusement: elles manquaient de tout, même de munitions. Les tiraillements politiques dans le commandement, puis la complète nullité de l'Empereur qui fut de suite une sorte d'impédîment à la suite de l'armée, la trahison de Bazaine dès avant Metz, les défaites succédant aux défaites avec une rapidité à déconcerter les plus confiants, tout cela fit comprendre à la nation que cette guerre n'allait plus être qu'une débandade parsemée d'actions d'éclat : car, chez nous, la valeur ne perd jamais ses droits.

Je m'arrête. A quoi bon promener notre deuil, toujours si récent, toujours si vif, à travers tous ces champs de bataille qui furent autant d'étapes vers l'annexion finale de l'Alsace et de la Lorraine ? Nous n'avons pas besoin de ce spectacle navrant pour remuer la cendre toujours brûlante qui couve au fond de nos cœurs.

Fatal Napoléon ! Fatal empereur ! Fatal empire ! Qu'aucune voix téméraire ne vienne à votre profit raviver notre douleur. Non, vous n'étiez pas la prospérité ; non, vous n'étiez pas la paix, encore moins la gloire ; vous ne fûtes même pas, à l'heure suprême, le courage et l'honneur.

On dit que, pour faire passer son nom à la postérité, un athénien n'hésita pas à incendier le Parthénon ; mais que les juges, pour ne pas se rendre complices d'une si indigne popularité, décidèrent que ce nom odieux ne serait plus prononcé à l'avenir. Français, qu'il en soit ainsi du nom de Napoléon III ; enfouissons-le avec sa honte dans l'oubli. Ne l'exhumons jamais de sa sinistre tombe ; surtout qu'il ne sorte plus de nos urnes. Honni soit l'audacieux qui oserait nous proposer de le faire revivre ! N'oublions pas que, si l'on peut encore décemment pleurer à *Waterloo*, à *Sedan* il faut se voiler la face.

IX

RÉPUBLIQUE ET ROYAUTÉ

Sed nunc majora canamus.

Arrivé à ce point de ma tâche, je sens le besoin de jeter un regard en arrière, d'interroger aussi l'avenir.

Je ne saurais mieux le faire qu'en relisant un journal qui a parfaitement résumé le passé et l'avenir de la République dans quelques mots vraiment dignes de demeurer gravés dans la mémoire des électeurs, dignes même de passer à l'histoire.

C'est un tableau sincère, vif, lumineux, saisissant, de la désorganisation morale de la nation française sous l'action du gouvernement de la République, du but poursuivi par les républicains, des moyens mis et à mettre en œuvre pour y parvenir.

Le Petit Journal, car c'est lui que je vais citer, se tire chaque jour à neuf cent cinquante mille exemplaires, ce qui fait environ trois millions de lecteurs; l'on peut donc dire de lui que c'est le plus grand instituteur et le plus important chroniqueur de France.

Or, le premier janvier 1889, voici dans quels termes il reproduit la situation à la fin de l'année qui s'en allait et dresse le programme de celle qui allait commencer : *Il y a un grouillement, un amalgame, une poussée formidable ; tant pis pour les faibles, les timides et les délicats ; la France actuelle a adopté cyniquement la devise : Ote-toi de là que je m'y mette.*

Semblable déclaration est peut-être plus cynique elle-même que prudente. Ceux qui vont s'ôter, ou plus exactement sauter de là, ce sont peut-être nos gouvernants. Mais enfin, telle qu'elle est, elle vaut son pesant d'or, et la République en personne n'aurait pu mieux dire.

On ne saurait en effet plus brutalement nous apprendre comment une bonne partie de la nation vit des malheurs de l'autre; pourquoi, par conséquent, elle a intérêt à aggraver ces malheurs. Impossible, au surplus, d'expliquer autrement que par la persistance à l'entretenir dans le malheur, comment une Nation qui a eu sa grandeur subit avec autant de résignation des infamies et des humiliations de toute sorte.

Tout ce qui se targue particulièrement du titre de citoyen à l'heure qu'il est en France représente ou protège quelqu'un ou quelque chose. Qui? Quoi? On ne sait pas bien, ou a peur de savoir. Ce qu'il y a de Présidents et de Vice-Présidents, de Commissions et de Sous-commissions, de Missions et de Voyages prétendûment scientifiques, de conditions douteuses, de gens qui se donnent de l'importance pour rien et qui émargent au budget, de personnalités encombrantes, de faiseurs d'embarras, d'amateurs de jactance, de prétendus protecteurs du peuple, tous vivant de ce titre et avec notre argent! En revanche, de supérieurs indiscutés ou indiscutables, s'il y en a encore, il n'y en a guère. Peu d'entre eux qui, pour mille raisons, ne soient devenus les inférieurs de leurs subordonnés. Tant il y a que d'anneau en anneau, tout cela ne forme qu'une seule chaîne dont on ne peut toucher un bout sans attirer l'autre. Cette traînée d'entraves se tient, est soudée par un même intérêt, sert au même but, l'esclavage du public, lequel se trouve ainsi lié, enlacé, garotté, par les bras, par les jambes, et jusque par la bouche.

Affirmer que tout ce monde de parasites vit heureux dans de telles conditions, ce serait beaucoup dire; mais enfin il vit, et c'est le principal pour qui ignore ou a perdu la honte. Il ne faut pas trop regarder de qui ni de quoi vient le pain qu'on mange quand on ne se fatigue pas à le gagner. D'où les compromissions, les capitulations de conscience; la crainte en haut, l'audace en bas, le silence lucratif au milieu; d'ou le désordre, le gaspillage, les vols, ces appétits malsains, ces brutalités, ces mécontentements, ces remords parfois, ces tiraillements, cette arrogance universelle; d'où aussi la dégradation, la décrépitude, la décadence.

Si de ce monde spécial dont se compose l'élite de la gent républicaine nous descendons dans la généralité, que rencontrons-nous?

D'abord l'enfant moderne à qui l'on a appris *qu'il n'est que temps que la loi civile se substitue à l'indignité du père* et qui fait son possible pour s'y soustraire, accuelli en cela par nos politiciens qui, dès le bas âge, ne rougissent pas de le mêler à leurs discussions et à leurs fêtes politiques.

Puis le jeune homme, initié à un nouveau genre d'état social, qui ne demande pas mieux que de croire que *la famille, telle qu'elle a été constituée par la doctrine chrétienne, repose sur des principes surannés,* qui par conséquent se sent entraîné *vers la Société civile, vers d'autres associations* par des charmes autrement puissants que les joies calmes, que l'influence et l'affection familiales. Il s'en va donc, fuyant le foyer domestique, s'enrôlant aveuglément sous toutes les bannières, dans toutes les sociétés de chant, de tir, de gymnastique, et de pires encore. Là, la cigarette et le blasphème aux lèvres, les mains blanches plus que de raison, il affronte tout, Dieu et les hommes, prêt à toutes les audaces. Je n'exagère rien en disant que cette jeunesse fait littéralement peur aux gens paisibles qui ne peuvent voir autre chose en elle que les fanatiques soutiens de toutes les ambitions républicaines qui tendent à se succéder, en un mot les *Prétoriens de l'Avenir.* Cette jeunesse affroyable, ses coupables entraîneurs ne lui ménagent rien. Sous prétexte que *l'argent national est l'argent de tous,* on le lui prodigue sous toutes les formes et pour tous les plaisirs. Ah! sans nul doute, la famille de cet enfant prodigue ne saurait honnêtement lui offrir de pareilles ressources.

Et les pères, qu'en fait le gouvernement? Il les accapare corps et âmes, il fait de l'éclectisme à sa manière; les honnêtes gens sont mis dehors. *Votre domaine n'est pas de ce monde, leur crie-t-on avec menace du haut de la tribune; ce domaine spirituel est assez beau. Tenez-vous-y.*

Par ainsi la France catholique se trouve expulsée de chez elle par des gueux, chassée hors frontière; ou sinon, elle devient une caste de parias, d'ilotes, de victimes tout indiquées aux fureurs populaires.

Et que ferez-vous, messieurs du pouvoir, si, même parmi les républicains encore novices, vous rencontrez des résistances? Si, dûment avertis, nous ne voulons pas nous laisser faire comme en 93? Car c'est, de toute évidence, à un second carnage que vous voulez en venir.

Nous descendrons dans la rue, enseigne le citoyen Mesureur aux étudiants. Et, vous savez que nous avons les gros bataillons.

Fort bien, répondent les Boulangistes; mais alors nous, *nous ne répudierons pas une violence devenue nécessaire contre nos oppresseurs.*

Pour peu que la persécution transfigure à leur tour les faibles, c'est-à-dire ceux qui attendent encore dans l'ordre la fin du cauchemar révolutionnaire, alors ce sera, après le gâchis, la tuerie complète.

Avais-je donc tort de dire que nous marchons, que nous volons vers la guerre civile?

Et ce n'est pas exclusivement aux hommes bien pensants qu'en ont les audacieux, aux hommes d'honneur, aux délicats. Non, il suffit et, depuis longtemps, ils le prouvent sur la voie publique, dans les chemins de fer, partout par leurs propos licencieux et leurs gestes provacateurs; il suffit, dis-je, que la victime soit fille ou femme, pour qu'au mépris du plus vulgaire respect, ils l'encombrent, l'obstruent, l'annihilent ou, si c'est un homme d'allures modestes, le huent, le conspuent, le couvrent ignominieusement de toutes sortes d'épithètes empruntées au vocabulaire de la canaille.

Et la dérision qui nous menace n'attend même pas l'heure de l'attaque dernière. *Le sang impur*, c'est celui des *timides et des délicats*, nous hurlent-ils ; *abreuvons-en nos sillons.— Vævictis !* En rang, les victimes; découvrez-vous, courbez la tête, saluez. *C'est la Marseillaise !*

Ainsi le veut le journal que j'ai déjà cité, avec son air cauteleusement respectueux et paterne.

Mais sommes-nous donc si faibles, si vaincus que nous devions déjà nous prosterner devant nos bourreaux? Que nous devions répéter, comme autrefois nos pères esclaves des romains: *Ave, Cæsar, morituri te salutant !*

Oh ! non. Que les républicains se détrompent. Autant nos dépouilles excitent leur envie, autant nous saurons les défendre. Ce n'est pas tout ce monde d'égarés qui nous fera peur. Nous nous considérons désormais comme une faible et délicate minorité en état de légitime défense; c'est vous, nous y comptons bien qui succomberez ; mais si, par impossible, c'est nous, eh bien, *Væ Victoribus !* Malheur à vous. Ce jour-là la France disparaîtra, comme autrefois la Rome païenne, sous le flot des barbares. Seulement, cette fois, les barbares, ce sera vous, qui de vos propres mains mettrez le feu aux quatre coins de la Capitale et vous entre-tuerez sur ses ruines fumantes.

Mais l'Europe attendra-t-elle cette heure inéluctable et les républicains, pour échapper au suicide, n'ont-ils pris à tâche de la devancer en attirant sur la France les foudres de la civilisation ?

Je parle de cette Exposition du Centenaire qui, si elle n'est pas un défi, est à tout le moins une impertinence à l'égard de l'Europe monarchique. Se figure-t-on les héritiers d'un assassin conviant les parents et les amis de la victime à toaster l'anniversaire du crime? Tel est pourtant le cas. Et comme les gouvernements légitimes ont dédaigneusement haussé les épaules devant cette fanfaronnade, les républicains ont plus audacieusement encore tendu les mains à leurs peuples par-dessus les têtes couronnées, donnant ainsi une réédition de cette menace: *La Révolution fera le tour du monde.*

A Dieu ne plaise que je blâme les exibitions commerciales

et industrielles qu'à tort ou à raison se prodiguent périodiquement les peuples ; mais le choix de la date du Centenaire est un choix misérable, on ne saurait en disconvenir. Soyons justes toutefois. L'idée première de cette Exposition ne vient pas du Gouvernement qui, au contraire, l'a combattue. Pour lui, il se figurait sottement que l'anniversaire de la Révolution suffirait à attirer dans Versailles tous les rois et empereurs d'Europe, lesquels viendraient ainsi affirmer par leur présence leur solidarité avec la Révolution. Mais le conseil municipal de Paris, le promoteur probable de la prochaine commune, en avait décidé autrement. L'Exposition du Centenaire a donc eu lieu, et l'esprit qui a présidé à son invention indique assez qu'elle procède de cette Maçonnerie qui infecte l'univers.

La curiosité ou leur intérêt attire à Paris une foule d'étrangers qui personnellement, j'aime à le croire, n'ont aucune antipathie contre nous. De ceux-là rien à dire. Mais que penser de ces Sociétés de toute sorte qui, semblant obéir à un mot d'ordre, viennent quotidiennement recevoir de notre municipalité le baptême de la Révolution ? Que dire de ces nombreux groupes qui se solidarisent plus ou moins consciemment avec nos républicains par l'accueil officiel qu'ils reçoivent au nom de cette Révolution dont leurs gouvernements respectifs s'efforcent si judicieusement de les préserver ? Que ces imprudents pèlerins l'apprennent ou s'en souviennent : à peine ont-ils quitté notre capitale, enchantés de cette hospitalité perfide, que toute la presse républicaine se hâte de proclamer hautement sur tous les tons que la fête du Centenaire de la Révolution est bel et bien aussi la fête de l'Europe ainsi régénérée ou près de l'être. Sans doute, au retour dans leurs foyers, ces voyageurs, dont plus d'un représente dans son pays les professions libérales et jusqu'à la magistrature, s'empressent de déposer en bonne terre le germe des principes que nos républicains leur ont confiés. Mais leurs gouvernements qui se sont peut-être déjà demandé quel trait d'union pourrait bien exister entre nos socialistes et les grévistes de Westphalie, entr'eux et les grévistes incendiaires de la Belgique, ne prendront-ils pas ombrage de cette fraternisation et leur légitime indignation ne retombera-t-elle pas en pluie de feu sur la France ? Combien donc encore j'avais raison en prétendant que les républicains font tout au pis pour attirer sur nous la guerre étrangère ou mille prétextes de guerre !

Sans même aller chercher dans leur attitude des motifs trop certains d'explosion prochaine, l'état actuel de l'Europe n'est-il pas suffisant pour nous imposer la réserve? Soit dit entre nous nous avons encore, à l'heure qu'il est, plus de courage que de forces. Le vrai patriotisme consiste à en convenir. Eh bien, que deviendrions-nous au cas d'une conflagration européenne? Et même si, par impossible, nous n'y étions pas mêlés, de quel poids pèserions-nous dans les conseils de l'Europe? La Serbie peut devenir à chaque instant une étincelle; dans cette hypothèse, pourrions-nous répondre à l'appel de la Russie? L'Angleterre réforme sa marine, elle se prépare fiévieusement contre les éventualités. Est-ce pour enfiler des perles que la reine Victoria est allée en personne faire visite à la régente d'Espagne? D'autre part, l'Angleterre a une épine aux flancs: la catholique Irlande. Tous sujets de complications. Qui ne voit que la triple alliance est entachée de précarité? Qu'étant donné une guerre européenne, l'Italie et peut-être l'Autriche auront assez à faire chez elles? Il serait puéril d'oublier que les Mazziniens et les Garibaldiens n'ont pas créé l'unité italienne pour la plus grande satisfaction de la maison de Savoie. Le roi Humbert lui-même ferait preuve de courte vue s'il ne comprenait pas que cette frêle unité sous un sceptre n'est qu'un acheminement vers l'état de République primitivement voulu et désiré. Qui saurait dire alors, en présence de la tentative d'exécution des Carbonari, les complications à naître du sort de la Papauté?

Qu'on l'envisage de telle façon qu'on voudra, il est d'un exemple anti-monarchique qu'une royauté ait pu en absorber une autre sans autre raison que l'occasion des malheurs de la France. Que si l'on songe que le Roi spolié est le Souverain Pontife, c'est-à-dire le maître absolu de millions et de millions de consciences fidèles, l'embarras devient inextricable et se révèlera avant peu dans des conditions où il sera bien difficile à la France de ne pas intervenir.

Tant donc contre la guerre civile que contre ou à propos d'une guerre étrangère, nous avons besoin pour cette heure-là d'un pouvoir incontestable, respecté, dont les relations diplomatiques et la puissance militaire soient à la hauteur des circonstances.

Cette prévision me remet en mémoire une question que fit l'ex-impératrice Eugénie au général Trochu dans une circonstance douloureusement mémorable : *Général, je vous demande un conseil : dans l'effroyable crise où nous sommes, ne conviendrait-il pas de rappeler les princes d'Orléans ?* C'était peut-être le langage de l'épouse qui comprenait impossible le retour de Napoléon III à Paris après les décisives batailles autour de Metz; mais c'était aussi le langage patriotique et perspicace d'une femme qui reconnaissait la salutaire influence de ces princes exilés par son mari.

Par ailleurs, quand le comte de Bismark, commençant à comprendre toute l'importance des premières victoires allemandes, se demandait par qui le résultat en pourrait être sérieusement compromis : *Pas de Bourbons dans le reste de la France*, se répondait-il, *pas de princes d'Orléans...* Ce qui, pour lui, revenait à dire que ni les congrès ni les canons n'étaient plus guère à craindre avec la France républicaine.

Restons sur ces deux paroles émanées d'autorités si différentes, mais aboutissant à un même hommage envers la maison d'Orléans ; et voyons si en elle ne serait pas réellement le salut.

Ce n'est pas que nous avions rêvé d'un prince d'Orléans sur le trône de France. Mais la Providence nous a ravi le loyal comte de Chambord. Ici, voyez la puissance du principe. Le Roi est mort, vive le Roi ! Et sans nous préoccuper davantage des griefs qui divisèrent si gravement la branche d'Orléans et celle des Bourbons, nous ne voyons désormais dans le comte de Paris que le représentant légitime et ardemment souhaité de la royauté. Nul doute, au surplus, que le Roi lui-même ne partage notre avis. Les hommes ne valent que par la solidité de leurs principes, et un roi se sait toujours en compagnie sûre avec de tels serviteurs. Lui aussi sait fort bien que le principe est tout, l'homme un simple instrument de la Providence. Aussi suis-je convaincu que ce n'est pas au non de sa science militaire, de son expérience politique, de son influence personnelle en Europe, que le noble Comte aspire au trône de France; mais parcequ'il y sera à la première place pour travailler à la résurrection de sa malheureuse patrie.

Jamais, du reste, l'honneur de gouvernerner la France ne pourra davantage être un fardeau. Puissance militaire à augmenter, marine à refondre, finances à réorganiser, dette incalculable à éteindre, calme à rétablir, relations diplomatiques à renouer, influence extérieure à reconquérir : telle est l'œuvre multiple et accablante qui attend le Roi.

Et quelle main délicate il faudra y apporter ! Quelle habileté pour éviter les écueils ! *Non reget virgà ferrea,* l'épiderme français ne saurait le souffrir. *Non castigabit ridendo mores,* ce serait se perdre. Quel milieu périlleux à tenir ! Quant à moi je ne vois qu'un moyen d'y parvenir : c'est de rétablir l'équilibre entre toutes les libertés saines, en commençant par la liberté religieuse, qui est incontestablement la plus respectable et la moins respectée, bien qu'elle soit la source de toutes les autres.

Louis XVIII était quelque peu philosophe ; il n'a pas eu le temps d'en subir le contre-coup, mais il a légué des embarras à son successeur. Sous Louis-Philippe la religion a souffert, son trône n'a pas tardé à en pâtir. Il faudra, cette fois, que la Royauté se montre résolument religieuse à peine d'être irrémédiablement emportée.

Quelle difficulté d'ailleurs à restituer le premier rang à l'Eglise catholique ? La Royauté ne tire-t-elle pas vraiment d'elle le meilleur de son autorité et de son prestige ? L'autorité royale n'estelle pas quasi-infaillible avec l'Église ? Écoutez, ce n'est rien moins qu'un catholique qui parle : *La Papauté,* déclarait il y a peu de temps encore M. Floquet devant la Chambre, *est la plus haute autorité morale qui soit dans l'univers.*

J'aurai fait l'éloge complet de l'union de ces deux grandes puissances, la Papauté et la Royauté, quand j'aurai cité ces paroles d'un autre républicain non suspect, M. Challemel-Lacour, devant le Sénat : *La Royauté a couvert la France d'un éclat sans égal.*

Que pourrions-nous désirer de mieux ?

Ce que l'autorité royale a su faire dans le passé, elle saura le faire encore dans l'avenir. Cette France que nous aimons tant, qui l'a fondée ? La royauté. Qui l'a conduite glorieusement pendant des siècles sur tous les champs de bataille ? La Royauté. Qui a donné au commerce, à l'industrie, aux lettres, aux sciences, aux arts, le rang le plus élevé dans le monde entier ? Louis XIV, celuilà même qui a fait en cela pour la France ce que le Pape Léon X avait fait autrefois pour l'Italie. A tel point que malgré la science acquise depuis, malgré tout le renouveau du génie sans cesse à la recherche du progrès, on dira toujours dans l'histoire : *Le siècle de Léon X, Le siècle de Louis XIV.* Il faut, rappelons-le à l'orgueil national, n'avoir rien à redouter de l'histoire pour oser porter un soleil dans ses armes, avec cet incomparable exergue : *Nec pluribus impar.* Car telles étaient les armes du grand roi.

Et maintenant croirez-vous encore qu'au contact de tant de science et de tant de gloire le peuple français, alors comme toujours si facilement imitateur, ait pu rester l'ignorant que les républicains se plaisent à dire ? Notre histoire particulière, notre histoire plus intime, si je puis m'exprimer ainsi, atteste, au contraire, que la splendeur du trône rejaillissait puissamment de toute façon sur nous et déteignait merveilleusement sur nos mœurs. Les anciens parmi nous qui ont connu leurs ancêtres savent combien ils étaient hommes d'esprit, courtois, dignes ; et jadis à travers le monde on se plaisait à nous accueillir comme des types de bon ton et d'aimable compagnie. *Quantum mutati !*

Français, à cette heure solennelle où vont de nouveau se décider les destinées de la patrie, rejetons donc loin de nous toutes les mauvaises suggestions, les subterfuges. Le Gouvernement s'apprête à lutter : tous ses fonctionnaires sont déjà à leur poste ; les amnisties de toute catégorie pleuvent, plus de vingt mille électeurs flétris par la justice vont rentrer dans vos rangs ; la Haute-Cour de justice va rester en permanence pour vous intimider, le suffrage universel est violé pour la circonstance ; depuis trois mois toutes les séductions de l'Exposition sont mises en jeu pour transporter aux quatre coins de la France le souvenir éclatant d'une prospérité mensongère.

Mais souvenez-vous de votre côté que cette Exposition s'est ouverte et se poursuit au milieu des grèves des ouvriers de plus de trente villes de France, que tous les oripeaux et les fusées de la République ne sont qu'un trompe-l'œil et un cache-misère ; que le Gouvernement n'est qu'un banquier véreux offrant à ses dupes un dernier festin avant de filer devant la banqueroute. Souvenez-vous de toutes ces revendications ouvrières rejetées indistinctement sans examen par la majorité républicaine des Chambres Souvenez-vous de ce dilemme inévitable, la guerre civile ou la guerre étrangère. Qu'au dernier moment le rouge vous monte au front, et reculez devant l'ignominie de renouveler aux républicains leur mandat et de restaurer la République.

Un autre danger vous menace, que j'appellerai le pacte de la droite, c'est-à-dire la prétendue union des royalistes, des impérialistes et des boulangistes. Sans doute la coalition de ces trois forces serait l'anéantissement certain d'un Gouvernement odieux à toute la France, mais serait-ce du même coup l'écrasement de la République? Au lendemain de la victoire ces trois partis se trieraient, se mettraient en garde, se heurteraient. Qui peut dire alors si, sous une forme nouvelle, mais non moins dangereuse, *la Dictature*, la République ne renaîtrait pas de ses cendres? Or si la République revient à flot, ce sera, je l'ai démontré, à tout jamais et jusqu'à notre extinction, la lutte des compétiteurs chaque jour acharnés contre les dominateurs de chaque jour.

Une vérité dont je voudrais à ce propos vous convaincre, c'est que le gouvernement de l'État ne saurait être ni une profession, ni un commerce, ni une industrie. Il faut autre chose pour faire un homme politique, un ministre, et surtout un chef d'État, que les qualités spéciales à l'avocat, au journaliste, au négociant, à l'industriel, si remarquables soient-ils. La politique, la diplomatie, l'art de gouverner au dedans, de s'imposer au dehors ne s'apprennent ni dans la pratique des affaires privées ou administratives, ni même dans les livres; leurs combinaisons sont le fruit d'une expérience particulière, de l'existence quotidienne dans un milieu ordinairement fermé au public même le plus lettré.

Sans doute il y a de tout temps eu des exceptions, et la royauté n'a jamais manqué de tirer de la foule pour les mettre en évidence les esprits éminents qui lui semblaient susceptibles de remplir un rôle important dans le mécanisme de l'État. Mais, en thèse générale, un enfant de race en apprend plus en jouant dans le salon de ses aïeux que n'en saura jamais le plus grand diplomate improvisé. Cela s'explique par la tradition qu'il recueille à son insu et utilise à l'heure venue sans efforts.

D'autre part les circonstances d'éducation, de fortune, de famille, de dignité de caractère, de familiarité avec les grandes choses, de commerce assidu dès la jeunesse avec les hommes politiques, d'atmosphère supérieure si je puis dire, sont indispensables à l'élévation du futur homme d'Etat. Même parmi les gens de haute éducation il y a peu d'élus.

Qui n'a pas pour soi ces multiples éléments de succès expose vraiment son pays à de cruelles déceptions. Qui ne sait que la grande politique, les résolutions considérables se préparent dans la coulisse, c'est-à-dire dans un monde interdit au commun des mortels? Que fera, s'il n'y a toujours vécu, s'il n'y est admis qu'en vertu de ses fonctions, de son titre, l'homme d'Etat accrédité seulement d'office? On se taira devant lui, il sera écrasé sous le manteau de la glace officielle, et ne connaîtra le dessous des cartes qu'au jour tardif et autour de la table d'un Congrès.

Certes il recevra les honneurs extérieurs dûs à son rang, à la nation qu'il représente; mais ce sera tout. Quant à ces abandons, à cette intimité, à cette détente officieuse, à ce liant qui facilitent le dénouement des problèmes compliqués de l'histoire, il n'en bénéficiera jamais.

Quels résultats donc à espérer quand c'est un roi qui gouverne, lui à qui des alliances royales ouvrent toutes les portes, à qui ses ambassadeurs ont dès longtemps préparé les voies, qui traite d'égal à égal, même après la défaite ! Ah, que n'avions-nous un roi lors du dernier traité de Versailles ! L'Alsace et la Lorraine feraient encore à coup sûr partie de la France, et nous ne serions pas réduits à les pleurer.

Ce que je dis de la politique et de la diplomatie en général s'applique non moins à l'unité de vues propre à la royauté, parce-qu'elle seule possède l'unité de principes. Un roi suit des traditions, une ligne de conduite; il a la gloire de sa maison à soutenir, son amour-propre personnel à conserver ou accroître; il a pour la perpétuité de l'œuvre nationale l'hérédité sans laquelle, disait dernièrement M. Renan, à l'Académie française, on ne peut constituer *un cerveau permanent à une nation*; il soigne, il veille toujours dans le même sens, sans pouvoir être dévoyé.

Mais un président de République n'a, en France, ni ne peut avoir d'autre but que de se maintenir au pouvoir. Et il a déjà assez à faire. Forcément donc il est confiné dans la politique administrative, tout au plus dans les questions d'économie sociale. Il n'a pas prévu le cas de son élévation, il n'a pu s'y préparer, il n'aurait pas eu les moyens de le faire. Il manque donc absolument d'initiative pour entreprendre, d'autorité s'il a entrepris. Il n'aurait pas le temps du reste de rien mener à bonne fin, demain il lui faudra céder la place à un autre, et son successeur n'aura vraisemblablement pas les mêmes desseins que lui. En pareil cas on vit au jour le jour, il n'y a plus qu'hésitation ou erreur, par suite irrémédiable impuissance. D'autre part, que dire de ces ministères où l'esprit de parti envoie de nouveaux champions tous les jours, qui n'ont aucun projet suivi, qui ne peuvent même en avoir? Que voulez-vous que deviennent les intérêts financiers, commerciaux, la politique extérieure, la conduite de la France, dans une si capricieuse instabilité? Pour finir, sur ce point, par un exemple topique: N'est-il pas pitoyable que, depuis trois ou quatre ans que nous possédons le Tonkin, il n'ait pas fallu successivement moins de onze gouverneurs pour aboutir à ce que vous savez? Quelle belle façon, quelle sérieuse prestance nous devons avoir avec cela devant l'Europe!

Autrement en était-il sous la royauté. Ecoutez M. Tirard, le président actuel du conseil des ministres, dans son discours du 5 mai dernier en l'honneur du Centenaire: *Certes,* s'écrie-t-il avec enthousiasme, *ce n'est pas ici dans cette ville de Versailles, au milieu de tant de nobles souvenirs du passé, qu'il serait permis de nier la grandeur de la vieille monarchie française Rendons-lui plutôt un hommage qui ne coûte rien à notre patriotisme. Nous lui devons l'unité française, si fortement constituée aujourd'hui qu'il n'est plus rien qui la puisse entamer. Nous lui devons des siècles de gloire, la France mise au rang des premières puissances du monde, des souvenirs qui font notre orgueil et qui contribuent encore puissamment au prestige du nom français.*

Je pourrais ajouter que nous vivons sur cet acquis, et qu'il ne nous reste plus que ces souvenirs et ce prestige; mais je ne veux point commenter ces vraies et belles paroles du ministre républicain, si ce n'est pour faire observer que la vérité a toujours, un jour ou l'autre, le privilège de forcer les hommages.

En revanche, nul ne cherchera, j'espère, à en atténuer l'effet par des objections ridicules comme on n'en entend que trop souvent dans la foule ignorante, à savoir que la Royauté serait le retour à la messe par force, le retour des privilèges, de la dîme, de la corvée. — La corvée, ou prestation en nature, nous l'avons encore aujourd'hui; la dîme est assez confortablement représentée, je suppose, par les impôts directs, indirects, supplémentaires et autres. Pour le surplus, on n'est pas, c'est vrai, bien érudit en France; mais, en dépit des romans et des feuilletons, je respecte trop le peuple pour imaginer qu'il en soit encore, en fait d'histoire au prétendu *droit du seigneur.*

Puis donc que nous avons en faveur de la Royauté le témoignage unanime de ses amis et de ses ennemis, sachons prendre une résolution virile, et nous dire que la République est condamnée si, au bout de cent ans, *elle cherche encore sa voie au milieu des conspirations et de l'anarchie; si elle est toujours à l'état de crise, anéantie à l'extérieur, livrée à l'intérieur aux menaces des sectes et aux entreprises de la basse popularité.*

Cette résolution nous convient d'autant mieux que, bien qu'il répugne aux français d'en convenir, peu de peuples sont aussi portés que nous vers la tutelle gouvernementale. Arrive un échec, vite nous recourons au pouvoir, Qu'il s'agisse du Panama ou du Comptoir d'Escompte, des litiges commerciaux des Mineurs ou du transfert de l'usine Cail, toujours et primesautièrement nous nous tournons vers lui.

Français, quelle main plus paternelle et plus expérimentée que celle de la Royauté saura jamais réparer nos désastres particuliers? Elle sera d'autant plus libre dans cette œuvre que jamais elle ne les aura préparés, que jamais elle ne redoutera qu'on la paralyse par le reproche d'y avoir été mêlée.

Électeurs, songez-y bien, pesez mûrement toutes les considérations que je vous ai soumises et, pénétrés du sentiment de votre dignité et de votre intérêt, animés du plus pur patriotisme, *n'envoyez à la nouvelle Chambre que des députés royalistes* qui, à leur tour, se chargeront du reste.

Et quand enfin, pour notre prospérité et la gloire de la France, le Roi reviendra parmi nous, oublieux de tout ce qui n'est pas notre bonheur, aussitôt à notre grandeur de par ce seul fait déjà renaissante viendront rendre hommage les nations étrangères, hommage non purement platonique cette fois, mais qui engendrera ces alliances qui font la force des peuples.

Viennent ensuite les complications, la guerre, quelle joie pour nous de pouvoir de nouveau jeter notre épée dans la balance, de produire notre voix dans le concert universel!

A cette heure-là nous serons au grand complet: un vaillant corps, une vaillante âme.

Car la Royauté, c'est l'Ame glorieuse de la France.

X

LE TESTAMENT DE LA RÉVOLUTION

4 Aout 1889

Un dernier mot.

Ce serait une erreur de croire qu'en revenant à la Royauté nous demandons autre chose que l'exécution testamentaire de la Révolution. Cette Révolution, au contraire, nous la revendiquons hautement comme nôtre.

Que réclamait-elle, en effet? Deux choses qui lui ont été accordées d'enthousiasme : l'abolition des privilèges, la Royauté constitutionnelle.

Or, dans la nuit mémorable du *4 août 1789* que viennent de fêter bien à tort les républicains comme une de leurs victoires, les ducs d'Aiguillon et de Noailles ont déposé aux États-Généraux, au nom de la noblesse de France, la renonciation formelle à tous ses privilèges.

Dans cette même nuit du *4 août 1789* le clergé, ayant pour mandataires les archevêques de Paris et d'Aix, a renoncé de son côté à tous ses privilèges et même à son casuel qui, a-t-on judicieusement observé, constituait cependant ses seules ressources.

Ce n'est qu'entraîné par l'irrésistible élan de ces deux classes que le Tiers-État est venu, à son tour et enfin, renoncer à ses *privilèges provinciaux*. Car le Tiers, ce qu'on ignore généralement dans la masse, avait aussi ses privilèges.

La Royauté devait procéder plus lentement dans la même voie parceque sa transformation, touchant à des intérêts généraux, nécessitait une étude approndie Il ne s'agissait, en effet, de rien moins que d'introduire désormais la Nation dans le gouvernement de l'État ainsi modernisé.

Cependant, le *14 septembre 1791*, l'Assemblée constituante avait fini de rédiger, de discuter et de poser les bases de la nouvelle constitution. Il y est dit: *La Constitution française est représentative. Les représentants sont le Corps législatif et le Roi.*

Le pouvoir législatif est délégué à l'Assemblée nationale, le pouvoir exécutif est délégué au Roi.

Dès ce jour la Révolution, bien française celle-là, avait rempli sa tâche, achevé son œuvre; la Royauté constitutionnelle était fondée. Aussi se sépara-t-on aux cris de *Vive le Roi! Vive le restaurateur de la Liberté!*

On devait croire, en effet, que la France et la Royauté modernes allaient dès lors marcher de pair, la main dans la main, Naïveté!

Autour des géants de 1789 gravitaient les pygmées de la future Convention dont la maxime était qu'on ne peut faire une omelette sans casser des œufs. L'œuvre pacifique de 1789 avait stupéfait ces misérables. — Comment! Déjà? Sans une goutte de sang? Sans le moindre bénéfice personnel? Ce serait par trop bête! — Et pour se récompenser du coup d'État accompli par les Révolutionnaires, ils détruisirent la nouvelle Constitution et se mirent à casser des œufs, c'est-à-dire à couper des têtes[1].

Si nos Républicains de 1870 étaient sincères, s'ils étaient réellement les fils de la Révolution de 1789 qu'ils revendiquent, ils n'auraient eu qu'une chose à faire après la guerre: renouer honnêtement les traditions de cette Révolution, s'unir aux royalistes pour reprendre son œuvre, voter avec nous le relèvement de la Royauté constitutionnelle.

Mais non: la Convention de 1793 a brisé l'œuvre de la Constituante de 1791, elle a supprimé la Royauté constitutionnelle, elle a installé la République à sa place. Et nos Républicains, emboîtant *le pas des Conventionnels de* 93 *sous le masque des Révolutionnaires de* 89 ont rompu tout lien avec ces derniers.

Ce sont donc là des bâtards, des faux frères, des usurpateurs. Aussi, allant au-devant du mépris que leur trahison provoque, invitent-ils aujourd'hui leurs amis à demeurer muets, à rester chez eux, à ne point fêter les dates commémoratives de 1793.

Je n'ai pas de peine à les croire. Tout le monde est d'accord avec eux sur ce point. *Qui se réclamerait de tels ancêtres? Je comprends au contraire qu'on les cache, dit M. Renan, qu'on n'avoue pas des pères qu'on ne peut prendre pour modèles; il faut les laisser aller seuls... comme le Bourreau.*

Quant à nous qui ne sommes point leurs amis, qui sommes éclos de la Révolution de 1789, de la Royauté constitutionnelle moderne, qui répudions à tous les titres la République conventionnelle de 1793 et sa continuatrice de 1870, nous démasquons ces Contre-révolutionnaires, nous les exhibons dans leur vrai jour à la France odieusement trompée, et nous invitons les seuls enfants légitimes de la Révolution française à acclamer joyeusement la *Royauté constitutionnelle* dans son représentant doublement autorisé, le comte de Paris, au cri national de :

Vive la France ! vive le Roi ! vive la Liberté !

FIN

www.ingramcontent.com/pod-product-compliance
Ingram Content Group UK Ltd.
Pitfield, Milton Keynes, MK11 3LW, UK
UKHW032002260826
14628UKWH00005B/2221

9 782013 374361